▶▷

연결역량이 중요한 시대!

유튜브 트렌드 2021

서문

연결자로서의 역할이 더욱 중요해진 시대

"유튜브 구독 리스트요? 절대 안됩니다."

책을 준비하면서 많은 사람들을 만났다. 그중 한 대학생이 '유튜브 구독 리스트는 비밀'이라고 손사래까지 치면서 한 말이다. 20대 뿐만 아니라 30 대 가운데도 그런 반응을 보인 사람이 몇 있었다. 물론 까다롭지 않게 알 려주는 이가 더 많았다. 조금 연배가 있는 사람 중에는 구독 리스트를 어 디서 확인할 수 있느냐고 되물을 정도로 무감한 이도 있었다.

그들과 만나 대화하면서 공통적으로 공감했던 대목들. 아껴 보는 '최애' 채널이나 콘텐츠가 있다는 점, 한번 클릭하면 시간 가는 줄 모른다는 점, 예전에는 TV 드라마나 예능으로 수다를 떨었는데 이제는 유튜브에서 본 이야기가 많이 늘었다는 점 등이다. 오락적인 부분은 물론 다양한 정보 수 요를 채우는 데 유튜브의 활용성이 계속 높아지고 있다.

지금 우리는 전례 없는 팬데믹으로 커다란 변화를 맞고 있다. '거리두기'는 시대의 에티켓이 되었고 자주 '뭉치던' 다양한 모임들이 취소되었다. 모두가 일상의 소중함을 새삼 깨달았고 '연결자'로서 미디어가 더욱 중요해졌다. 재택근무와 온라인 수업이 일상의 풍경이 되었다. 미디어 지형도에서 유튜브와 넷플릭스 등 온라인 플랫폼과 서비스의 역할이 지속적으로 커지고 있다.

유튜브 트렌드를 정리하는 작업이 지난해보다 훨씬 묵직해졌다. 다양한 채널과 콘텐츠를 매개로 사람들의 대화가 훨씬 다양해지고 깊어졌다. 유튜브 트렌드는 미디어와 콘텐츠, 플랫폼, 나아가 우리 사회의 트렌드로 확장되고 있다.

"유튜브가 세상을 담아가고 있다"

"알고리듬을 알아야 세상이 보인다"

지난해 <유튜브 트렌드 2020>을 처음 펴내면서 담았던 핵심 메시지다.

두 번째 책 <유튜브 트렌드 2021>의 핵심 메시지는 '연결역량(Connectability)이 중요한 시대'라고 뽑았다.

주목할 만한 트렌드를 8개의 키워드로 간추렸다. 첫 번째 재설정(Reset)을 시작으로 스트리밍(Streaming)과 구독(Subscription)을 거쳐 마지막에 '연결역량(Connectability)'으로 종합했다.

이 책의 기획의도는 '유용함'이다. 변화의 흐름 속에서 맥락을 파악하고 생각을 정리하고 아이디어를 얻는데 조금이나마 보탬이 되길 소망한다. 구성에 있어서도 주제별로 읽기 편하게 나눴다. 소제목을 보면서 입맛 당기는 대로 훑어보면 될 것이다.

PART1은 유튜브 이슈 영상과 지난해 정리했던 트렌드 키워드를 통해 2020년을 되짚어 본다.

PART2에서는 미디어 지형도의 변화를 정리했다. 더불어 짧은(Short-form) 동영상의 역사 및 유튜브와 틱톡의 비교, 그리고 2021년 유튜브 트렌드 키워드 8개를 뽑아서 소개했다.

눈 앞의 상황이 잘 파악되지 않을 때는 조금 높이 올라가서 둘러봐야 전체 현황이 더 잘 보이게 마련이다. 전반적인 변화상을 조감하듯 바라보면 맥락을 이해하기 쉽다. 그런 생각으로 신호와 소음이 뒤섞인 다양한 정보 속에서 의미있는 신호라고 생각하는 대목을 골라 담았다.

PART3은 씨로켓리서치랩이 뽑은 2021년에 주목해야 할 대한민국 유튜브 채널 77개다. 지난해 뽑은 77개 채널의 변화도 살펴 보았다.

PART4는 마케터가 알아야 할 실용적 정보들을 묶었다. 인플루언서 마케팅의 중요 요소들을 검토하고 미디어 커머스의 현황 파악, 그리고 구독 서비스가 앞으로 어떻게 확장될지 집중 탐구하고 정리했다.

이 책은 씨로켓리서치랩의 동료들(박상현, 김창환, 전환태, 김지언, 최윤영)은 물론, NTP식구들(성세찬, 정진우, 김수형)의 도움 속에서 나올 수 있었다. (씨로켓리서치랩은 정보 브리핑과 집담회를 제공하는 멤버십 서비스와 뉴스레터를 운영 중이다. 이 책에 관심 있는 분이라면 씨로켓리서치랩의 뉴스레터도 꼭 구독하시길 권한다. '씨로켓'만 검색해도 구독신청 페이지를 쉽게 찾을 수 있다.) 이은북의 황윤정 대표와 황세정 에디터의 열정과 노력으로 어려운 문제들을 해결할 수 있었다. 고마운 마음이 무척 크다.

출근과 등교는 고유한 의식처럼 우리 일상에서 중요한 의미를 갖는다. 막상 팬데믹을 맞이하면서 그런 의식들이 점점 희미해지고 있다. 이제 새로운 방식을 찾고 적응하는 게 관건이 되었다.

재택 근무와 온라인 수업 등으로 '집콕' 모드가 늘었다. 원래 대낮에는 조용했던 집이 하루 종일 붐빈다. 원고 마감으로 늦은 시간까지 키보드 소리가 울리던 밤을 숱하게 보냈다. 늘 고마운 아내와 아이들, 가족의 응원과 배려 덕분에 힘든 상황에도 웃을 수 있었다.

따라잡을게 너무 많은 '디지털 대전환'의 시대다. '붉은 여왕'(소설 '이상한 나라의 앨리스'에서 "열심히 달려봐야 제자리야"라고 말하는 캐릭터. 주변 상황이 빠르게 변해 자신이 진화하더라도 간신히 제자리를 유지하는 걸 의미)의 이야기가 저절로 떠오른다. 어지러운 소음을 걷어내고 의미 있는 신호를 포착하는데 이 책이 조금이라도 보탬이 되길 소망한다. 평범한 일상을 당연하게 누릴 수 있는 날이 얼른 오기를 바란다.

김경달

목차

▶▷ **PART 3.** 2021년 주목해야 할 대한민국 유튜브 채널 77

2021
Connect-
ability

PART 01

2020년
유튜브 트렌드 되짚기

"21세기가 본격적으로 시작됐다"

2020년은 말 그대로 격변의 한 해였다. 21세기의 실질적인 시작이라 할 수 있는 2020년 내내 우리는 바이러스와 기후변화에 맞서 싸워야 했다. 사람들은 거리두기를 강요당했고 각종 모임들은 위축됐다. 반면에 온라인 세상은 확대됐다. 유튜브는 더욱 광범위하게 우리의 일상 속으로 파고들었다. <유튜브 트렌드 2020>에서 진단했듯 유튜브 자체가 또 다른 세상, 우주가 되었다.

2020년 유튜브 트렌드를 되돌아보고 사람들의 관심을 끌었던 국내외 영상들을 통해 한 해의 흐름을 짚어본다.

팬데믹이 바꿔 놓은
온라인 세상

누구도 예상치 못했던 코로나19로 세상은 혼란에 빠졌다.
전세계 사람들은 차단과 봉쇄에 익숙해져야 했고 마스크는 필수품이 되었다.
재택이 강제되면서 온라인 세상이 폭발적으로 성장했다.

▶▷ 01 라이브, 스트리밍의 확장

코로나19로 인한 변화는 콘텐츠의 소비성향도 바꿔 놓았
다. 주로 '집'에서 콘텐츠를 소비하게 되면서 인터넷 기사나
e-book의 소비가 늘었고 실시간 화상회의 서비스를 제공하
는 회사의 주가가 상승했다. 방송 또한 라이브 생방송이 대세
가 되면서 스트리밍 방송에 참여하기 위한 추첨이 낯설지 않
게 되었다.

상거래 문화도 변화가 크다. 코로나19로 인한 언택트 시대에
맞춰 실시간 라이브 방송이 더욱 강화됐다. 인스타그램의 라
이브 방송은 기본이고 네이버는 쇼핑 트렌드 라이브 방송을

통해 브랜드 광고를 확장했다.

이전까지 유튜브 수익이 조회수에 근거했다면 이제 라이브를 통해 제품을 판매하는 크리에이터가 증가하고 있다. 그 와중에 몇몇 유명 크리에이터들은 유료광고임을 표기하지 않고 특정 제품을 노출하여 '뒷광고' 논란에 휩싸이기도 했다.

▶▷ 02 정보를 찾는 공간, 유튜브

마케팅 큐레이션 플랫폼인 오픈애즈의 '소셜미디어 및 검색포털 트렌드 리포트 2020' 보고서에 따르면 유튜브는 2018년부터 한국인이 가장 많이 이용하는 소셜미디어로 등극했다. 유튜브를 통해 흥미 위주의 콘텐츠도 많이 소비되지만 정보 탐색도 네이버 다음으로 많이 이용한다는 의미다.

사람들이 SNS를 이용하는 이유는 '궁금한 내용을 영상으로 자세히 보고 싶어서'라는 답이 53.8%로 가장 많았다. 그 다음은 '댓글, 좋아요 등 다른 사람들의 반응을 보고 싶어서'가 41.8%를 차지했다.

이러한 통계는 유튜브가 검색 포털과 커뮤니티 공간으로 자리잡고 있다는 것을 보여준다. 요즘은 웬만한 정보나 기술은 유튜브에서 거의 찾을 수 있다. 자동차 수리는 물론 십자수 놓는 법, 피아노 치는 법, 기타 치는 법, 작곡하는 법까지 모두 유튜브 영상에서 찾아 배울 수 있다.

과기정통부의 2019년 인터넷 이용 실태조사에 따르면 유튜브 동영상을 통한 정보검색은 네이버에 이어 2위를 차지하며, 점유율이 37.7%로 비중이 매우 높다. 특히 3~9세의 어린이들 중 58.9%가 유튜브 동영상을 정보검색의 주요 도구로 활용하는 것으로 나타났다.

▶▷ 03 댓글이 콘텐츠가 되는 곳

유튜브 동영상의 댓글과 좋아요는 MZ(밀레니얼&제트) 세대에게 새로운 놀이와 콘텐츠가 되었다. 댓글이 단순한 소감이나 인사에 그치는 것이 아니라 대댓글로 이어지면서 소통의 장이 된다. 네이버 등 국내 포털에서 댓글 이력을 공개하는 등 댓글의 기능을 축소하자 반대급부로 유튜브에 댓글을 남기는 사람이 늘기도 했다.

이들 댓글은 새로운 영상의 좌표를 전해주기도 하고 자신이 좋아하는 크리에이터나 스타의 행동을 바꾸기도 한다. 숨어있던 영상들을 찾아내어 밈(meme)으로 다시 유행시키기도 한다.

프로들이 모이다!

2020년의 유튜브는 '프로페셔널'들이 본격적으로 진출한 해라고 할 수 있다. 기업들과 인기 많은 셀럽(연예인 등 스타)들이 본격적으로 유튜브에 채널을 만들어 소통하기 시작했다.

기업들은 이전의 딱딱한 홍보 문화에서 벗어나 유튜브를 통해 새로운 스타일로 소비자들과 접촉한다. 신한은행은 전국 870여 개의 영업점 직원 1만 4,000여 명이 추천한 '신한 맛슐랭'이라는 맛집탐방 콘텐츠를 제작했다. '신한 맛슐랭' 영상은 수만 회의 조회수로 인기를 끌고 있으며 KB 국민은행은 '은행 볶는 소리'라는 ASMR 콘텐츠를 제작해 인기를 끌고 있다. 기업들의 홍보 채널은 앞으로도 더욱 활성화될 것으로 보인다.

기업 유튜브 뿐만 아니라 셀럽들도 유튜브에 많이 진출했다. 이제는 단순히 홍보용이거나 개인 콘텐츠에 머무르지 않는다. 한 방송 프로그램에서 방영됐듯 전 농구감독 현주엽이 MCN 회사인 샌드박스네트워크와 협업하는 사례를 보면 짐작할 수 있다. 처음부터 기획과 구성 및 영상 제작을 담당하는 제작인력이 붙어 채널을 시작하는 사례가 증가했다. 유명 연예인들이 유튜브 팀을 만들어 자신의 콘텐츠를 함께 상의하면서 제작하는 경우가 흔해졌다.

방송사들의 유튜브 진출도 활발해지고 있다. 수십 년 동안 쌓은 양질의 영상 콘텐츠는 가장 확실하게 조회수를 모을 수 있는 인기 소스다. 하루 종일 <무한도전> 클립을 보여주기도 하고 <순풍산부인과> 등 90년대 시트콤과 코미디 클립, 드라마 클립, 온라인 탑골공원으로 불리는 추억의 음악방송 등 수십 개의 자체 영상 채널을 개설하여 서비스하고 있다.

과거 영상만 서비스되는 게 아니다. 최근 방송되는 인기 많은 클립들도 유튜브에 올라오기 시작했다. 그간 방송사들과 국내 포털들이 광고협업계약을 통해 방송사들의 온라인용 클립을 국내 유튜브에서는 게시하지 않았는데 최근 계약조건을 변경하면서 그 빗장이 풀렸다. 이미 방송사들도 유튜브를 새로운 수익 창출원으로 바라보며 그 비중을 높게 인식하기 시작했다. 스타의 구독자 수는 그 스타의 영향력과 비례한다. 세계적 스타가 된 BTS의 소속사 빅히트 엔터테인먼트의 유튜브 채널 구독자는 2020년 하반기 기준 4,510만 명에 육박하고 있다. 대한민국 인구와 맞먹는 전세계의 팬들이 BTS를 구독하고 있다. 가히 왕국이라고 할 수 있다.

▶▷ 05 아직까지도 기회의 땅

방송에서 자리를 잃은 연예인들이 유튜브에서 자신의 길을 찾기도 한다. 유튜브 채널 '흔한남매'는 SBS 코미디 프로그램 <웃찾사>의 한 코너였다가 프로그램이 종영되자 유튜브로 옮

겨서 에피소드를 확장해 갔다.

현재는 구독자가 200만 명을 훌쩍 넘었다. 인지도 없는 KBS 공채 개그맨들이 만든 '낄낄상회'의 한 영상은 공개 4개월 만에 조회수가 1,200만 회를 넘었다. 무명의 스타 등용문이 공중파에서 유튜브로 옮겨진 사례다.

▶▷ 06 **영상 콘텐츠의 경계가 무너지다**

스타들의 활발한 유튜브 진출만큼 유튜브 크리에이터들도 공중파에 대거 진출했다. 특히 <유튜브 트렌드 2020>에 소개된 크리에이터들이 공중파에 많이 등장해 더욱 인기를 끌기도 했다.

슈카월드, 신사임당, 산적TV밥굽남, 요요미 등은 이제 유튜브를 넘어선 유명인사가 되었다. 크리에이터들의 콘텐츠도 게임에서 벗어나 재테크, 창업, 요리, 노래 등 점점 분야를 확대하고 있다.

셀럽과 크리에이터의 교차 출연만이 아니라, TV 프로그램 또한 유튜브와 공중파를 동시에 기획하여 확장하는 사례도 늘고 있다.

공중파 방송에서는 5~10분만 편성하고, 전편은 유튜브에서 내보내는 나영석PD 사단의 '십오야' 채널이 그렇다. 유튜브에서 선공개를 하거나 라이브를 통해 프로그램을 미리 제작하는 MBC 김태호PD의 '놀면 뭐하니?' 채널은 이제 방송 프로그램에 한정된 것이 아닌, 멀티 플랫폼 내지 크로스 플랫폼 콘텐츠라고 할 수 있다.

특히 <놀면 뭐하니?> 방송에서 유재석이 혼자서 유산슬과 지미유 등의 다양한 '부캐'(부캐릭터)를 변주하는 것은 단지 방송기획물을 뛰어넘어 크로스 플랫폼을 기반으로 하는 미디어 이벤트라고 할 수 있다. 이러한 사례들을 통해 기존의 방송 프로그램과 온라인 콘텐츠의 경계는 이미 무너졌다. 이용자를 중심에 놓고 보면 다매체 환경에서 이용자가 미디어를 취사선택할 수 있는 당연한 흐름이다.

▶▷ 07 온라인으로 함께, 도전하다

코로나19는 사람들이 한자리에 모이는 걸 주저하게 만들었다. 날씨가 좋아도 사람들은 집 밖에 나가기를 꺼리게 되었다. 하지만 고립될수록 사람들은 누군가와 함께 하고 있다는 걸 확인하고 싶어한다. '집콕'의 시간을 어떻게 보낼지 고민하던 사람들은 다양한 취미생활을 만들어냈다.

인스턴트 커피를 40분 이상 저으면 마치 예전의 '달고나' 같은 맛을 볼 수 있다는 달고나 커피는 유튜브를 통해 일반인들과 셀럽까지 함께 하는 챌린지가 되었으며 국내의 유행이 해외까지 퍼진 사례이다.

코로나19의 극복을 위해 질병관리본부가 제안한 '덕분에 챌린지'는 많은 셀럽들과 시민들의 참여로 긍정적인 메시지를 퍼뜨리기도 했다.

또한 <유튜브 트렌드 2020>에서 소개한 'Get X With Me(공유경험)' 영상들과 같은 유튜브 콘텐츠들이 코로나19로 인해 더욱 활성화되고 있다. With Me 영상을 통해 사람들은 함께 공부하고 취미 생활을 공유하며 혼자가 아닌 '모두 함께'라는 공감대와 위로를 얻고 있다.

코로나19는 미래를 확 끌어당겨 우리 앞에 던져 놓았다. 재택근무와 실시간 화상 회의, 온택트 공연 같은 족히 수년은 걸릴 것 같은 변화의 과정을 단시간에 이끌어냈다. 유튜브는 그 변화를 적극적으로 수용하며 주도하고 있다.

한치 앞도 내다볼 수 없는 혼란스러운 상황에서 최적의 콘텐츠 파워로 성장하고 있는 유튜브가 앞으로 어떻게 진화할까? 2021년 유튜브 트렌드에 주목해야 할 이유다.

2020 유튜브 트렌드
키워드 리뷰

01

Aggravation
(Aggro, 어그로) :
당신은 '관종'인가?

▶▷ 2020년의 가장 심각한 어그로 중 하나
는 코로나19를 둘러싼 허위 조작 영상들이
다. 과학적으로 입증된 정보가 아닌 정파적
이고 비과학적인 정보를 사실처럼 주장하는
영상들이 우후죽순 늘어났다.

문제는 이런 자극적인 영상들이 유튜브의 인기영상으로 올라가 더욱
확산되는 현상이다. 자극적인 영상은 '돈'과 직결되기에 쉽게 사라지
지 않는다.

거대한 영향력을 가진 플랫폼으로서 유튜브의 운영 책임이 강조되는 이유이기도 하다.

가짜 장애인 행세로 채널을 키웠던 사례와 뒷광고 논란의 와중에도 이용자의 시선을 끌기 위해 과장된 언행을 한 유튜버들 또한 부정적 '어그로'의 예시라 하겠다. 반면 박진영의 '남친짤'을 강조한 B급 바이럴 영상 등 발랄한 어그로 또한 꾸준히 선보였다.

02

▶▷ 바쁜 현대인에게 요약은 필수다. 10분 내외의 시간 동안 영화 한 편, 혹은 책 한 권을 요약해 주거나 중요한 과학적 개념이나 뉴스를 요약해주는 영상은 여전히 인

Let's Summary
(요약) :
핵심만 알고 싶어?

기가 많다. 특히 코로나19로 인해 선배나 상사를 통해 배우는 학습기회가 사라지면서 이를 대신한 요약 정보를 유튜브에서 찾는 움직임이 계속 늘고 있다.

텔레비전 시청률을 제공하는 닐슨코리아의 황성연 박사는 유튜브의 한 크리에이터로부터 '시청률'에 관한 질문을 받았다. 그 크리에이터는 '사물궁이 잡학지식'이라는 채널을 운영하는데 질문지도 무척 꼼꼼했고 황 박사가 설명해준 내용을 다시 요약 정리하여 확인까지 받

아 동영상을 제작했다고 한다. 이후 황 박사는 시청률에 대한 질문을 받으면 사물궁이의 해당 유튜브 영상 링크를 전해준다고 한다. 모든 것이 유튜브에 있다.

03

GXWM
(Get X With Me
공유경험) : 나와
함께 해보자!

▶▷ 올해 초반에 가장 유행했던 공유경험은 달고나 커피 만들기다. 사회적 거리두기로 인해 오히려 함께하는 활동이 더욱 소중하게 다가온 것 같다.

'서울워크'라는 유튜브 채널은 서울을 산책하는 모습을 보여주면서 가까운 곳에 외출조차 조심해야 하는 사람들에게 대리만족을 주기도 했다. 거리두기를 강조하는 코로나19로 인해 온라인에서는 역설적으로 함께하는 영상들이 늘었다.

국제적으로는 자기 집 창문 밖 풍경을 공유하는 'Window Swap'이라는 서비스가 인기를 끌었다. 유튜브에서도 동일한 컨셉과 제목의 영상들이 꾸준히 올라오고 공유되었다. 타국의 누군가가 제공해준 낯선 창밖 풍경을 보면서 마음의 공허를 채우는 이들이 많았던 모양이다. '힐링되는 기분을 느꼈다'는 피드백이 많았는데 사람들은 비록 동영상이지만 창밖 풍경을 공유하면서 고립감과 외로움을 극복해 나갔다.

Optimization
(최적화) :
그들이 사는
세상에 맞춰라

▶▷ 세계 2위 검색엔진의 위상에 걸맞게 유튜브에 대한 최적화 노력이 지속되고 있다.

유튜브 구독자들에게 클릭을 부르는 제목은? 주제를 정확히 드러내는 키워드, 크리에이터가 전달하고 싶은 메시지가 담긴 제목, 클릭을 유발하는 기발한 문구까지 들어있으면 금상첨화다. '제가 해봤습니다'와 '같이해요~, 주목!' 등의 문구는 이제 일반화되었다. 물음표로 끝나면서 궁금증을 유발하는 제목 또한 여전히 강세다.

영상의 세련미도 점점 눈에 띄는 특징이다. 업계 프로들(방송국)의 유입이 많은 이유도 있지만 가성비 좋은 유튜브 방송 장비들과 크리에이터 간의 경쟁이 시너지 효과를 낳아 영상의 품질을 전반적으로 향상시켰다.

Recall
(추억환생) : 먼지
쌓인 콘텐츠들의
귀환!

▶▷ 과거의 히트송들을 스트리밍하면서 촉발된 추억환생의 흐름은 유튜브 세상에서 꾸준히 확장되고 있다. '오분순삭'을 필두로 과거의 다양한 인기 방송 콘텐츠들이 재조명을 받았다. 레트로 열풍과 맞닿아 있는 이

런 현상은 '뉴트로'라고 불리기도 한다.

구독자 수 12만 명인 주현미TV는 각 영상마다 조회수가 1~2만 회이다. '미스터트롯' 출연자들은 나오는 프로그램마다 최고의 시청률을 갱신하며 인기를 얻고 있다.

묻혔던 트롯이 다시 뜬 것도, '깡'의 역주행도, <놀면 뭐하니?>의 싹쓰리가 1위에 오른 것도 모두 추억의 콘텐츠들을 소환하여 새로운 관심을 유발한 것이다. 이렇게 과거의 콘텐츠들이 재조명된 것도 유튜브 덕분이다. 지금도 발굴을 기다리는 수많은 과거의 띵작들을 유튜브에서 찾아볼 수 있다.

06

▶▷ 아이들이 식당에서 조용히 스마트폰을 보고 있다면 당연히 유튜브를 하고 있는 것이다. 어른도 마찬가지. 잠들기 전, 잠깐 유튜브를 보려다 시간이 훌쩍 지나가 버리는 경험을 대부분 했을 것이다.

Idiot Box
(바보상자) :
울던 아이도
뚝? 뚝!

오랫동안 시청자들의 관심을 독점하면서 '바보상자'로 불렸던 TV의 권좌를 이제 유튜브 플레이어가 이어받고 있다.

요즘 20대들에게 무슨 TV 프로그램을 좋아하는지, 어느 방송국을 좋아하는지 물어도 시원하게 대답하는 친구들이 없다. 그 시간동안 그들은 무엇을 할까? 당연히 유튜브다. 요즘 3~9세 아이들은 무언가 궁금할 때 절반 이상이 유튜브를 검색해 본다는 보고서도 있다. 또한 1020세대를 제외한 전 연령층에서 유튜브를 가장 많이 이용하는 세대는 뜻밖에도 60대라고 한다. 이제 유튜브는 '거실이나 안방이 아닌, 어디에나 있는 텔레비전'이 됐다.

Tension
(텐션병맛) : 오마이 갓김치!

▶▷ 유튜브 알고리듬은 '텐션'이 좋은 오락성 콘텐츠를 추천 콘텐츠에 슬쩍 끼워 두는 경우가 종종 있다. 유튜브의 추천을 받아 꼬리를 물며 오락성 콘텐츠를 시청하는 습관이 일반화될 정도다. 텐션과 병맛의 문화는 이렇게 일상에 스며들어 있다.

사람들은 왜 이런 요소들을 좋아할까? 공중파 방송에서는 허용되지 않을 만한 내용을 자유롭게 표현한다는 점이 유튜브의 강점이다.

컨셉과 재미는 세계관을 만들면서 확장되고 부캐를 통해 변주되면서 유튜브의 콘텐츠를 풍성하게 만들어 간다. 빙그레우스의 세계관과 지코와 꼬뜨게랑(CôtesGuerang) 티셔츠를 보면 이제 병맛의 명품화까지 이야기할 정도다.

▶▷ 브이로그는 2020년에도 강세였다. 블로거들이 블로그에 일기를 쓰듯 유튜버들은 자신의 일상을 영상으로 공유했다. 나와 '같으면서도 다른' 사람들의 일상을 보며

08 Hyper-Reality
(초현실) : 누군가의 현실을 함께 나누기

사람들은 그들의 삶을 대리 체험하기도 하고 대리 만족하기도 했다. 2020년에는 삶의 단면을 드러내는 채널도 늘었다. 단순히 하루의 일과를 보여주는 것이 아닌, 특정 공무원의 일과나 귀촌하기 위해 현지인을 만나고 배우는 일상 등 좀 더 삶의 깊숙한 곳에 들어가서 속내를 보여주는 콘텐츠가 증가했다. 관찰 예능의 고도화된 형태가 유튜브를 통해 구현되고 있는 셈이다.

누구나 자신의 생활을 소재로 셀럽이 될 수 있는 시대다.

09

Money
(돈) : 누구나 돈을 벌 수 있는 곳

▶▷ 2020년 8월초에 발표된 직장인 설문조사에서 유튜브 겸업에 찬성하는 직장인이 83%나 된다는 기사가 나왔다. 평생 일을 해야 하는 시대. 부업과 재테크를 고민하는 직장인들에게 유튜브는 큰 자본 없이 도전해 볼 수 있는 성지다. 실제로 유튜브에서 인기를 끌면서 전직을 하는 사례도 자주 알려지고 있다.

많은 직장인들은 남의 일이 아닌, 자신도 유튜브에 도전해 볼 수 있다고 생각하는 사람들이 늘고 있다. 앞으로 이런 현상은 계속 가속화될 듯하다.

더불어 '커머스의 미래는 동영상'이라는 말이 나올 정도로 유튜버 등 인플루언서를 매개하는 커머스 실험이 계속 증가하고 있다. 쇼핑 영역을 강화하고 있는 네이버에서도 라이브 방송을 통한 쇼핑 서비스가 유튜브의 라이브 못지 않게 인기를 얻을 정도다. 또한 유튜브 라이브 방송에서 슈퍼챗으로 구독자들이 기부를 하거나 멤버십을 통해 금전적 후원을 하는 모델이 활성화되면서 광고에만 기대던 수익모델 또한 확장되고 있다.

이슈 영상으로 살펴 본 2020년
- 국내편 -

2020년 사람들의 입에 오르내린 영상은 무엇일까?
레트로 시대의 주인공들이 되살아나고 유튜브 캐릭터가
공중파 CF의 주인공이 됐으며 온갖 아이디어들이 유튜브 알고리듬을 타고
인기를 끌었다. 그중 22편을 골랐다.

01

묻고 더블로 가!
사딸라! 뉴트로 열풍

BBQ 뱀파이어 치킨 "신사답게 주문해" 편 / 2019.10.24

[버거킹] 김영철 아저씨 사딸라!
ALL DAY KING 사딸라!
/ 2019.1.15

지난해부터 인기였던 레트로 열풍의 선두 주자를 꼽는다면, 이 두 개의 영상을 빼놓을 수 없을 것이다. 2006년 개봉한 영화 <타짜>는 골수팬들은 있었지만 일반인들에게 많이 알려진 영화는 아니었다. 이후 패러디 열풍에 힘입어 <타짜>의 순정파 건달 곽철용(김응수) 패러디가 떴다. "묻고 더블로 가!"

또한 <야인시대>의 주인공이었던 김영철을 소환시킨 "사딸라" CF는 누적 조회수가 570만이나 된다. 그만큼 레트로 패러디는 2020년 초반을 달구었다.

아이돌 펭수의 슈퍼스타 인증 CF ─ 02

[CF] 붕어싸만코X펭수슈퍼콘버전 / 2020.1.31

EBS의 아이돌 연습생 펭수는 자신의 영역을 점점 확장하다 드디어 단독 CF도 찍게 되었다. 지난 겨울 붕어싸만코의 광고모델이 된 펭수! 물고기를 잡아먹는 펭귄이 물고기 모양의 아이스크림을 광고하니 반응이 폭발적이었다. 게다가 CM송은 슈퍼콘의 멜로디. 슈퍼스타만 찍는다는 슈퍼콘의 멜로디를 쓴 이유는 '아이돌 펭수'의 슈퍼스타 꿈을 표현하기 위해서가 아닐까. 이후 펭수는 타이거JK와 컬레버레이션 힙합 음원을 발매해 드디어 음원차트 1위에 올랐고 <유희열의 스케치북> 게스트로도 출연했다.

아무노래 챌린지 나도 해본 사람 손!

03

지코에게 직접 배우는 아무노래 챌린지 / 2020.2.3

2020년 상반기의 최대 이슈 영상이라고 하면 이것을 빼놓을 수 없다. 지코와 화사의 아무노래 챌린지는 흥겨운 리듬과 어우러져 폭발적인 인기를 끌었고 여러 연예인들과 일반인들이 함께 아무노래 챌린지에 참여했다.

다만 이 챌린지는 유튜브가 아닌 틱톡으로 시작한 것이 특징이다. 젊은 세대들에 어필할 수 있는 틱톡의 세로 영상으로 아무노래 챌린지를 찍었다. 이후 인스타그램과 유튜브 등 여러 채널에서 챌린지가 진행되었다. 자신을 표현할 수 있는 SNS라면 채널을 가리지 않는 요즘 세대의 모습을 엿볼 수 있다. 더불어 숏폼 플랫폼의 무시할 수 없는 파워를 증명한 영상이라고 할 수 있다.

04

Parodysite (문세윤, 유세윤) / 2020.2.17

<기생충>과 봉준호 감독의 아카데미상 수상은 한국인에게 뜻깊은 자부심을 안겨
주었다. 아카데미상을 로컬영화제라고 쿨하게 받아친 봉준호 감독은 미국뿐만 아니
라 한국에서도 화제였다.

통역을 맡은 샤론최의 멋진 통역 또한 이슈가 되었다. 아카데미 감독상을 수상한 봉
준호 감독은 함께 후보에 오른 감독들에게 찬사를 돌리며 '헐리우드 키드의 미국 성
공기'를 멋지게 완성시켰다.

유튜브에서는 봉준호 감독의 수상 소감과 샤론최의 통역이 다양한 영상으로 확장
되었는데 최고의 영상은 이 클립이다. 외모조차도 봉감독을 닮은 문세윤과 유세윤
의 패러디 영상은 봉준호 감독까지도 언급했을 정도로 유명해졌다.

<기생충>을 통해 "너는 계획이 다 있었구나" 같은 명대사와 짜파구리, 제시카 징글
등 영화 속 특정 요소들이 다양한 영상으로 확장되기도 했다.

05

[시켜서 한다! 오늘부터 운동뚱] 1회 / 2020.2.26

하나의 방송으로 여러 개의 서브 포맷을 만들어내는 것이 유행이 되자 <맛있는 녀석들>도 웹예능 프로그램을 기획했다. 그중 대박난 것이 바로 김민경의 운동 도전기를 다룬 <시켜서 한다! 오늘부터 운동뚱>이다.

이 방송은 처음부터 분명하게 이야기한다. 다이어트를 목표로 하는 운동이 아니라 잘 먹기 위해 하는 운동이라고. 방송 포맷 또한 운동을 열심히 한 다음에는 그 보상으로 먹방을 보여준다. 이 방송의 특별함은 미적 기준이 아닌, 건강을 위해 운동하는 것이 당연하다는 것을 우리에게 다시 깨닫게 해주었다는 점이다. 더불어 자신의 운동 능력의 한계를 끝없이 갱신하는 슈퍼 히어로 같은 김민경의 발견이다.

이 프로그램은 뛰어난 힘과 신체조건, 운동이해력을 가진 '근수저'지만 본인만 그 능력을 모르는 소년 스포츠물 서사를 보여준다. "태어나서 힘으로 져본 적이 없다"는 김민경은 헬스와 필라테스, 팔씨름을 거쳐 현재 축구와 골프에 도전 중이다. 과연 김민경은 금메달을 딸 수 있을까? 무엇으로 딸까?

2PM CONCERT HOUSE PARTY "우리집(My House)" 준호 FOCUS / 2020.3.13

요즘 아이돌에게는 볼 수 없는 남성미 넘치는 아이돌 그룹이 존재했다. 바로 2PM. 언젠가부터 유튜브 알고리듬이 노출시킨 2PM의 뮤직비디오 '우리집'은 무려 5년 전에 발표한 노래지만 2020년 초부터 핫한 반응을 얻었다. 소속사는 다른 '우리집' 영상들은 물론 미공개 영상까지 공개할 정도. 이 영상의 역주행 이유는 댓글을 보면 알 수 있다. 현재 20대가 된 Z세대들이 어린 시절에 미처 알지 못했던 2PM의 매력에 빠졌다는 의견을 올려놓았다.

"제와피... 보고 있었다는 거에서 안심이 된다... 내 동년배들 누구 집 갈까 고민하다 잠도 못 자.. 반드시 이런 노래로 2PM 컴백해줘..."(영상 댓글 중)

짐승돌을 접한 유튜브 유저들은 현재 군대에 가 있는 준호 포함 3명의 멤버가 어서 제대하길 기다리며 영상을 무한 반복 중이다. 2PM 19금 콘서트를 기대하는, 성인이 된 Z세대들의 영향력은 어디까지 갈까.

07
힙한 콘텐츠가 된 댓글들,
그거 아세요?

그거 아세요? / 2020.4.1

요즘 댓글은 대댓글, 대대댓글로 이어지면서 이야기를 만들어낸다. 묻혀 있던 비의 '깡' 영상도 재치 있는 댓글들이 달리며 화려하게 부활했다. 댓글이 또 하나의 '놀이'로 소비되면서 콘텐츠가 되는 시대다.

댓글놀이는 예상하지 못한 콘텐츠의 유행을 만들어 낸다. 코로나 19로 인기를 끈 게임 '동물의 숲'에 나온 노래 '나비보벳따우' 또한 비슷한 맥락이다. 가사도 없는 단순한 멜로디지만, 댓글의 힘으로 다양한 버전의 콘텐츠가 만들어졌다.

작년에 혜성처럼 나타난 유튜버 과나는 댓글을 응용해 '그거 아세요'라는 영상과 음악을 만들며 댓글놀이를 재창조하기도 했다. 썸네일을 미켈란젤로의 천지창조를 패러디한 사진으로 쓴 것 또한 댓글의 재창조라는 의미가 아닐까 싶다. 이제는 댓글을 보기 위해 영상을 찾는 현상까지 생기는 정도. 이런 댓글 맛집은 뮤직비디오를 비롯해 드라마, 예능, 인터뷰, 음악방송, 영상 등 장르를 가리지 않는다.

레트로의 끝판왕! 전지현과 양준일의 만남이라니 — 08

[NEPA] 20 S/S 전지현의 프리모션 / 2020.4.2

당신의 '아재력'을 인증해 보는 시간. 영화 <도둑들>에서 전지현의 예명은? 전지현이 춤추는 광고로 유명해진 제품은? 두 질문의 정답은 똑같이 애니콜이다. 삼성전자의 휴대폰 애니콜 광고로 CF 여왕에 오른 전지현은 진정한 탑골CF퀸이 아닐까. 아웃도어 브랜드 네파는 자유로운 핏을 홍보하기 위해 전지현을 모델로 내세웠다.

광고의 배경음악은 탑골 GD로 통하는 양준일(V2)의 '판타지'를 선택했다. 곧 불혹의 나이라고는 여겨지지 않을 정도의 미모에다 막춤도 세련된 그녀는 시니어들만 입는다는 아웃도어의 개념을 바꿔버리고 말았다. 레트로는 과거의 전설들을 소환하며 점점 더 세련되게 진화 중이다.

09

[힐링타임즈] 코덕들 맴찢 영상 실버 버튼 특집! / 2020.4.16

화장품(cosmetic) 덕후를 코덕이라고 한다. 유튜브에 '코덕들 맴찢 영상'이라는 ASMR로 인기를 끌고 있는 채널이 있다. 개인 유튜버는 엄두도 못낼 퀄리티와 영상미로 단숨에 ASMR 맛집으로 떠오른 '뷰티포인트'는 아모레퍼시픽이 운영하는 뷰티 유튜브 채널이다. 화장품 업체는 뷰티 노하우만 다룬다는 선입견에서 벗어나 화장품의 다른 면을 보여준다는 점에서 눈길을 끈다.

해당 영상은 실버 버튼 특집으로, 실버 버튼을 깨끗이 씻고 말려주는 과정을 ASMR로 담은 것이다.

국내보다 해외 유저들의 댓글 반응이 훨씬 많은데, 아마도 한국어 대사가 없어서 접근성이 좋기 때문인 듯하다. "진심, 이 대단한 영상퀄, 화질, 소리 등등 따라올 수 있는 건 아무도 없다"라는 한 유저의 댓글이 모든 것을 말해 준다.

10

코로나에 걸린 친구와 가까이 지내면 안되나요?

코로나19 중앙방역대책본부 브리핑 : "어린이가 묻는다" / 2020.4.29

코로나19로 생활이 가장 많이 바뀐 세대는 아이들이다. 학교와 유치원, 어린이집을 다니지 못하는 시간이 길어지고 있다. 2020년 어린이날을 맞아 질병관리본부(현 질병관리청)는 특별한 브리핑을 마련했다. 당시 정은경 본부장(현 청장)과 전문가들이 아이들의 코로나 관련 질문에 답변을 해주는 시간을 가졌다.

이 영상이 이슈가 된 것은 아이들의 눈높이에 맞춘 설명을 해주기 위해 노력하는 어른들의 모습이 실시간으로 보였다는 점 때문이다. 항상 진지한 태도로 국민들에게 큰 신뢰를 받고 있는 정은경 본부장은 아이들에게도 똑같이 진지한 모습으로 답변에 임했다.

한 어린이가 "코로나에 걸렸던 친구와 가까이 지내면 안 되느냐"는 질문을 하자 정은경 본부장은 완치된 친구를 따돌리거나 놀리지 말고 위로해주면서 따뜻하게 맞아주는 마음가짐을 갖자고 조언했다.

코로나19가 완전히 종식되는 그날까지 마스크를 착용하고 사회적 거리두기를 실천하도록 북돋아준 영상 중 하나가 되었다. 스트리밍 된 영상은 현재도 유튜브에 남아 전체 영상을 볼 수 있다.

띠링, 랜선 초대장이 도착했습니다! — 11

띠링, 랜선 초대장이 도착했습니다! / 2020.5.4

청와대는 매년 어린이날에 아이들을 초대하는 행사를 가졌다. 하지만 2020년 어린이날 행사는 코로나19로 인해 온라인 모임으로 바뀌었다. 디지털 기반의 소통을 고심하던 청와대는 마인크래프트를 통해 온라인 공간에 청와대를 구현하고 대통령과 영부인이 청와대를 소개하는 기획영상을 제작했다. 코로나19로 고생하는 의료진에 대한 감사를 담은 장면도 삽입했다.

해당 유튜브 영상은 1백만 회가 조회될 정도로 이슈가 되었다. 실제로 마인크래프트 좌표를 적어 누구나 다운받아서 청와대를 구경하게 만든 것도 호응이 컸다. 정부 채널이지만 아이들을 위해 이런 기획을 한 것에 긍정적인 댓글 반응이 많이 달렸다. 정부 채널도 충분히 아이디어 넘치는 콘텐츠를 만들 수 있다는 예시를 보여준 영상이다.

한혜진의 도전이 쏘아 올린 디지털 런웨이

12

World Class Model! 한혜진의 100벌 챌린지! / 2020.5.9

코로나19의 여파는 글로벌 패션 기업들에게 2차 세계대전 이후 최악의 위기로 다가왔다. 전 세계의 패션쇼가 전부 멈춰버린 건 100년 넘는 패션쇼의 역사에서 처음 일어난 일이었다.

모델 한혜진은 조금은 무모한 도전을 시도했다. 취소된 서울패션위크 대신 온라인 패션쇼를 통해 신상 패션들을 보여주는 프로젝트다. 총 100벌의 의상을 디지털 런웨이로 보여준 이벤트는 MBC TV <나 혼자 산다>에 고스란히 방송됐다.

패션과는 무관한 방송인으로 오해받기도 했던 한혜진은 디지털 런웨이 프로젝트를 통해 자신의 본 모습을 유감없이 보여주었다. 이후 현대백화점은 무관중 패션쇼를 진행했고 서울디자인재단은 패션위크 대안으로 온라인 컬렉션을 마련하기도 했다.

13

아침 먹고 깡, 점심 먹고 깡, 1일 7깡은 기본이지!

비 RAIN - 깡 GANG Official M/V / 2017.2.1

2019년 말 한 고등학생 유튜버가 '1일 1깡 여고생의 깡(Rain-Gang) cover' 라는 영상을 올리면서 화제가 됐다. 그후 유튜브 알고리듬은 '깡팸러'들을 만들었다. '츤데레'[1] 같은 깡팸러들은 '싫지만, 싫어할 수 없는' 깡으로 대동단결했다.

깡의 역주행에는 원곡 가수 비의 역할도 컸다. 그는 자신의 음악이 온라인 커뮤니티에서 놀이처럼 소비되는 것에 대해 대범하게 끌어안고 함께 즐겼다. 이를 담은 방송 이후 비호감이었던 깡과 비의 퍼포먼스가 순식간에 호감으로 바뀌고 누구나 아는 유행어가 됐다. 더불어 깡 코인에 탑승하려는 많은 영상들이 온-오프라인으로 만들어졌으며 깡 관련 소재를 통해 유튜브 알고리듬을 타보려는 시도도 늘었다.

비를 모델로 쓴 농심은 과자 4종(새우깡, 양파깡, 감자깡, 고구마깡)이 7월에만 100억 원이 넘게 판매됐다고 밝혔다. 2019년 월평균 판매액 71억 원보다 40%이상 높다. 밈(MEME)의 영향력이 이 정도로 크다.

---

1. 쌀쌀맞고 인정이 없어 보이나 실제로는 따뜻하고 다정한 사람을 뜻함.

4천 5백만 원짜리 폐가를 샀다.
행복하다?! ——— 14

4500만 원짜리 폐가를 샀습니다 | MBC PD 리틀포레스트 Vlog / 2020.6.5

방송은 늘 오디오로 가득차고 무언가 왁자하거나 자극적이어야 했다. 유튜브도 꼭 그래야 할까? 한 방송국 PD가 시골에 집을 샀다. 그것도 100년 된 폐가..

이 채널은 쳇바퀴처럼 돌아가는 도시의 일상을 사는 사람들에게 살짝 쉼표를 찍어 주는 영상을 보여준다. 방송의 세련됨과 유튜브의 문법이 만나면 자극적이지 않아도 어떤 즐거움을 줄 수 있는지 알려주는 영상이다. '리틀 포레스트'라는 부제처럼 오늘을 사는 어른인 '오느른' 채널은 MBC의 다른 채널과 달리 몽글거리면서 부드럽다. 조용한 입소문만으로 구독자 20만 명이 된 채널.

코로나19로 집에만 갇혀 있다 보니 사람들은 낯선 여행과 멋진 풍경, 좋은 숙소에 대한 욕망이 갈수록 높아졌다. '오느른' 채널의 흙냄새 가득한 시골 풍경은 사람들의 갈증을 해소시켜 주는 청량제 역할을 할 것이다. 화면을 통해 잠시나마 현실을 잊고 숨 쉴 공간을 만나보자.

도를 아십니까?
마음공부 유니버스 A.S.M.R

15

[요청ASMR] 도를 아십니까 RolePlay /2020.6.18

MZ세대는 기존의 세계관을 다시 한번 비틀고 응용하여 새로운 세계관을 만들어 낸다. 콘텐츠 창작자도 미처 생각하지 못한 포인트를 잡아 새로운 컨셉을 만드는 것. 강유미는 ASMR을 통해 자신만의 유니버스를 만들고 있다. 말 그대로 떡상 중. 그녀는 '띠꺼운 공인중개사'와 '성형 상담 실장', '개념 부족 막내', '도를 아십니까' 등 평범치 않은 컨셉으로 ASMR 영상을 제작했다. 강유미는 '묘하게 기분이 나쁜 불친절함'이 바탕에 깔린 캐릭터들을 리얼하게 잘 표현했다는 평과 함께 폭발적인 반응을 이끌어 냈다. 현실과 소름끼치게 닮은 여러 컨셉들에 대해 MZ세대는 '마음공부 유니버스', '불친절 유니버스'라는 별명까지 붙여주었다.

최근에는 '일진 RolePlay'를 통해 중고등학교 일진의 모습을 100% 현실감 있게 재현해 뜨거운 반응을 얻고 있다. 다들 한마디 하고 싶지만 불편하고 무서워서 피했던 캐릭터들을 강유미의 ASMR을 통해 보면서 마음껏 댓글놀이를 하다 보면 자신도 모르게 카타르시스를 느끼게 될 것이다.

탑골 랩소디의 세계화 ——— 16

영어로 듣는 브라운아이즈 - 점점 (미국_제이슨 레이) / 2020.6.27

예능 전문 채널 중 하나인 E채널에서 노래 경연 프로그램을 기획했다. 기본 포맷은 명절 때마다 단골로 방송되던 '외국인 노래 경연' 컨셉인데, 차별되는 포인트는 자국어로 '번안'해서 부른다는 것. E채널의 <탑골 랩소디>에서는 외국인 참가자들이 1절은 한국어로 부르고 2절은 자국어로 번안해 부른다. 다양한 외국어로 번안되어 부르는 K팝을 통해 출연자들의 호소력이 폭발했다.

<탑골 랩소디>는 '탑골 가요 세계화 프로젝트'로 K팝을 한국인보다 더한 열정으로 사랑하는 외국인들을 위한 서바이벌 프로그램이다. 묻혀져 있던 명곡을 재발견하고 재해석하는 색다름으로 크게 인기를 끌었다.

컨셉도 화제도 음악도 싹쓰리 — 17

싹쓰리(SSAK3) - '여름 안에서' (Feat. S.B.N.) M/V / 2020.7.13

2020년 여름은 그냥 '싹쓰리'였다. 기성세대에게는 추억을, MZ 세대에게는 재미있는 레트로 느낌의 콘텐츠를 선사한 '싹쓰리'는 화제성과 주목도에서 단연 2020년 여름을 주도했다. 좋은 콘텐츠를 그냥 두고 볼 수 없는 곳이 유튜브 세상. 다양한 커버곡과 연주곡들이 쏟아져 나왔다.

성우 이용신은 본인이 연기했던 캐릭터들로 '다시 여기 바닷가' 커버송을 불러 화제가 됐다. 투니버스에서 방영했던 만화 캐릭터들이어서 추억을 불러 일으키기도 했다. 가수 그렉과 크레용팝 출신 웨이, 초아는 영어 버전으로 커버를 하여 시청자에게 색다른 느낌을 선사했다.

<놀면 뭐하니?>는 부캐의 세계관을 만들어 낸 프로그램의 대명사라고 할 수 있다. 트로트를 부르던 유산슬은 '싹쓰리'의 유두래곤이 되었다가 '환불원정대'의 제작자인 지미유가 되는 등 다양한 변신을 보여주었다. 카메라 한 대로 시작한 <놀면 뭐하니?>는 유튜브도 잘 활용하면서 새로운 유니버스를 만들어 가고 있다.

생존 특명! 진짜 보다
더 진짜 같은 가짜사나이들

18

생존. 30시간 동안 살아남아라 | 가짜사나이 Ep4 / 2020.7.18

2020년 유튜브에서 가장 핫한 콘텐츠는 단연코 '피지컬 갤러리' 채널의 <가짜사나이>다. 과거 MBC 예능 <진짜 사나이>를 패러디해 만들었는데 뒷이야기가 많다. MBC의 <진짜 사나이>는 예능적 요소가 많아서 방송에서 보이는 것만큼 훈련이 심하지 않았다고 한다. 이에 유튜브 채널인 '피지컬 갤러리'는 명칭은 '가짜'이지만, 훈련은 '진짜'인 프로그램을 기획했다. 실제로 프로그램은 웃음기 싹 뺀 채, 훈련 과정만 보여준다.

<가짜사나이>는 레거시 미디어와 유튜브 크리에이터의 경계를 무너뜨린 방송이기도 하다. 기존 유튜브 영상과 비교할 때는 제법 많은 제작진이 합류한 큰 기획물이지만 공중파 방송의 일반적인 제작 비용과 인력을 고려하면 아주 작은 사이즈일 뿐이다. 훨씬 적은 제작비로 공중파 방송 못지 않은 성과를 이뤄내 반향도 컸다. 웹과 공중파의 구분이 무의미해지고 있다는 지적과 함께 방송사들의 긴장감을 증폭시킨 사례이기도 하다. 이 시리즈는 바로 시즌 2로 만들어졌다.

19 ── 유튜브를 먹여 살리는? K-POP, 블랙핑크& BTS

BTS (방탄소년단) 'Dynamite' Official MV / 2020.8.20

블랙핑크와 방탄소년단(BTS)의 세계적인 컴백 대전이 펼쳐졌다. 2020년 5월에 발표한 레이디 가가의 'Sour Candy'에 블랙핑크가 피처링으로 참여했다. 이 신곡은 영국 오피셜 싱글 톱40 차트와 미국 빌보드 핫100에서 K팝 걸그룹 최고 기록을 세웠다. 그리고 8월의 블랙핑크의 신곡 '하우 유 라이크 댓'(How You Like That) 뮤직비디오는 당시까지 유튜브 역사상 가장 많은 프리미엄(최초 공개) 시청자를 끌어들였다. 무려 165만 명. 또한 공개 반나절 만에 조회수 5,700만 뷰를 돌파하며 돌풍을 일으켰다.

이 기록은 두 달 만에 깨졌다. BTS의 신곡 '다이너마이트'는 24시간 만에 유튜브 조회수 1억 뷰를 돌파했다. 이는 유튜브 뮤직비디오 역사상 가장 빠른 기록이다. 물론 공개 당시 프리미엄 뮤직비디오 동시 접속자 수도 300만 명을 넘겼다. 더 이상 무슨 말이 필요한지! 유튜브를 먹여 살리는 블랙핑크와 BTS 아닐까? '다이너마이트'는 빌보드 핫100 차트 1위도 2주 연속 석권하면서 더더욱 엄청난 기록을 세운 바 있다.

나훈아 2020 신보 아홉 이야기 中 "테스형!"

테스형!
나훈아

작사: 나훈아
작곡: 나훈아

Danal Entertainment

MV | 나훈아 - 테스형! | 2020 신곡 아홉 이야기 / 2020.8.19

트롯이 대유행하고 걸출한 신인 트롯 가수들이 공중파에 대거 등장했지만 뭔가 앙꼬 없는 찐빵 같은 느낌이었다. 그가 빠졌기 때문이다. 나훈아, 가황이 돌아왔다.

2020년 추석 단 1회 공연. '대한민국 어게인'은 원래 관객과 함께 하려던 공연이었지만 재차 유행한 코로나19 때문에 결국 무관중 공연으로 진행됐다. 전세계의 팬들이 온라인으로 모였고 화면 너머에서 '나훈아! 나훈아!'를 외쳤다. 가수는 눈 앞에 관객들이 있는 양 전혀 어색함 없이 공연을 끌고 나갔다. 이날 나훈아의 공연 시청률은 29.0%(닐슨코리아 집계), 올레TV에서는 실시간 시청률이 순간 70%대를 찍기도 하면서 뜨거운 주목을 받았다.

남녀노소 모두 그의 공연에 빠져들었다. 70대 나이에 2시간 동안 라이브로 28곡을 부른 나훈아에게 청년들은 존경을 보냈고 장년들은 환호했다. 무대 위에서 의상을 갈아입는 나훈아의 모습은, 온라인 공연이지만 실제 라이브처럼 실시간의 느낌을 한껏 살렸다. 그리고 이 라이브가 멈춤없이 계속 진행 중이라는 것을 알려줬다. 이미 유튜브에는 나훈아의 노래와 행동을 따라하는 밈 영상이 가득하다.

이 공연을 가능하게 한 디지털 기술들은 미래의 공연이 어떻게 변하는지를 보여주는 바로미터가 되었다.

21

[박진영X네이트] 회사 후배로 제와피가 들어왔다.jyp / 2020.09.07

박진영은 온라인에서 남친짤로 밈(meme)을 만들었다. 그의 남친짤이 밈이 된 이유는 우락부락한 외모와 달리 귀여운 표정과 포즈가 언밸런스하기 때문. 이를 활용한 광고가 네이트의 키워드 중심 신규 뉴스 서비스 '오늘'의 런칭 광고이다. 보다 보면 오글거리면서도 자신도 모르게 웃음이 터질 수밖에 없을 정도로 제와피 팀장은 뻔뻔하게 남친짤을 마구 방출한다.

스튜디오 룰루랄라와 비가 함께 제작하는 <시즌비시즌> 유튜브 채널에서 비는 박진영에게 이런 말을 하기도 했다. "형도 밈이 많던데요?"

온라인의 밈은 어디서 어떻게 확장될지 모르지만 이를 놓치지 않고 활용할 때 서로의 시너지가 극대화된다. 비와 새우깡의 콜라보처럼 말이다.

한 번 더! 이번엔 스케일도, 강도도 장난 아니다! 가짜사나이 2

100시간 극한의 특수부대 훈련을 경험한다 | 가짜사나이2 Ep1 / 2020.10.1

3일 만에 1천만 뷰 돌파. 아이돌이냐고? 아니다. <가짜사나이> 시즌 2의 1회 영상 조회수다. 그만큼 많은 사람들의 관심을 받고 있는 <가짜사나이>다. 감히 올해의 영상이라고 할 만하다.

<가짜사나이 2>에서 주목할 점은 '유튜브 콘텐츠가 어디까지 발전할 수 있는가' 일 것이다. 지금까지는 방송 영상이 유튜브로 확장되는 경우가 많았다. 하지만 <가짜사나이 2>는 왓챠와 카카오TV에서 동시에 공개될 예정이었다. CGV에서 영화판으로도 공개될 예정이었고, 촬영 후 사진을 뽑아서 전시회도 따로 준비한다고 했다.

그러나, 문제가 생겼다. <가짜사나이 2>는 가학성 논란과 출연자들의 자질 논란으로 방영 중단이 되었다. 이후 카카오TV에서 11월24일~27일까지 시즌 2가 단독 선공개 되었다. 앞으로 <가짜사나이>가 시도했던 유튜버와 미디어의 결합, 콘텐츠 큐레이션의 확장은 더욱 활발해질 것으로 예상된다.

이슈 영상으로 살펴 본 2020년
- 해외편 -

팬데믹으로 인해 전세계의 연결이 끊겼다. 상대적으로 선방한 우리와 달리
해외에서는 백만 명이 넘는 사망자가 발생했다. 이를 함께 이겨내자는
챌린지가 유행했으나 섣부른 스타들의 참여는 오히려 비난의 대상이
되기도 했다. BLM 운동이 일어나며 기업들 또한 메시지를 보탰다.
유튜브가 보여준 세계. 15편의 영상을 통해 살펴본다.

01

한국에 BTS가 있다면
호주엔 톤즈앤아이가 있다!

TONES AND I - DANCE MONKEY (OFFICIAL VIDEO) / 2019.6.24

오스트레일리아 출신의 2000년생 가수. 17세부터 버스킹하면서 노래를 부르기 시

작했다. 2019년 6월에 나온 그의 '댄스 몽키(DANCE MONKEY)'는 6개월 만에 유튜브 조회수 6억뷰를 달성하며 20개국 차트에서 1위를 했다. 스포티파이에서 10억회 이상 스트리밍 됐으며, 그 열풍이 2020년 초까지 이어졌다. 2020년 9월에 '댄스 몽키' 뮤직비디오는 유튜브에서 12억 뷰를 돌파했다.

02

계단만 보면 춤추고 싶어! 조커의 계단 댄스 커버 열풍

계단 댄스 | 조커 [UltraHD, HDR] / 2019.12.29

조커는 다면적인 인격을 표현하는 최고의 캐릭터다. 호아킨 피닉스가 새롭게 연기한 영화 <조커>(2019)로 인해 '조커병'이라는 신조어가 생기기도 했다. 계단만 보면 조커처럼 춤을 추게 된다는 것. 실제 촬영지인 뉴욕 브롱크스 웨스트 167번가 계단에는 많은 관광객들이 찾아 조커춤을 추곤 했다. 국내에도 '이태원 조커 계단'이라며 실제 촬영지와 비슷한 모습의 계단이 화제가 됐다.

03

제시카 징글, 이렇게 퍼질
계획이 다 있었구나!

온라인을 휩쓸고 있는 영화 '기생충'의 이 노래 무엇?! / 2019.11.12

<기생충>을 본 사람이라면 나도 모르게 흥얼거리게 되는 이 곡. 올해 2월 아카데미 주제가상 후보에 '제시카 징글'을 올리자는 트윗이 등장할 정도로 해외에서 인기가 많았다. 제시카 송이 화제가 되면서 단순히 영화 흥행에 도움이 된 것뿐만 아니라 원곡인 '독도는 우리땅'까지 홍보 효과를 봤다. 온라인에서는 그것도 다 계획이 있었던 것 아니냐는 재미있는 반응이 나오기도 했다.

04

오래된 햄버거는 썩는다는
당연한 진리!

Burger King features moldy Whopper in new ad / 2020.2.19

버거킹의 '곰팡이 낀 햄버거' 광고가 One Club for Creativity Award를 받았다. 맥도날드의 햄버거가 10년이 지나도 썩지 않는다는 이야기가 널리 알려진 후 패스트푸드에 첨가되는 방부제에 사람들의 관심이 집중됐다. 이 광고는 '버거킹은 다르다'는 메시지를 전달하기 위해 만들어졌다. 이 광고를 만들자는 아이디어가 나왔을 때

만 해도 버거킹 햄버거 역시 방부제를 사용하고 있었다. 광고를 제작하게 되면서 버거킹은 방부제를 사용하지 않기로 했다고 한다.

05

이탈리아, 희망을 노래하다!

'다 잘 될거야'…이탈리아 전역에 퍼진 '발코니 합창' 화제 / 2020.3.16

코로나19로 사람들은 격리되었다. 서로를 멀리하며 떨어져 지내야 하지만 마음마저 그런 것은 아니다. 이탈리아는 코로나19 초기에 많은 희생자를 냈다. 낙천적이고 예술적인 이탈리아 사람들은 "Andra tutto bene(모든 것이 다 잘 될 것이다)"라는 글귀를 적어 발코니에 붙이고 합창을 하며 의료진들을 위해 박수를 쳤다. 그들이 엮어내는 감동적인 영상이 전 세계 사람들에게 코로나19를 극복할 힘을 주었다.

06

**세계적인 방구석콘서트
#Togetherathome**

#TogetherAtHome Chris Martin / 2020.3.16

콜드플레이의 멤버 크리스 마틴은 #togetherathome이라는 해시태그와 함께 SNS
콘서트를 열었다. 인스타그램 라이브로 팬들과 소통하며 그들의 신청곡을 불러 주
기도 했다.

이에 존 레전드도 크리스 마틴의 트윗을 리트윗하면서 "내 친구 크리스 마틴이 오늘
집에서 사랑스러운 작은 콘서트를 했는데, 나 역시 라이브 공연을 할 것이다."라며
#togetherathome 공연을 이어 나갔다. 캠페인은 크리스 마틴과 존 레전드로 시작
해 찰리 푸스 등 유명 해외 가수들이 릴레이로 동참했다.

07

**최고의 스타들을 데리고
만든 최악의 응원 영상**

25 celebrities sing "Imagine" in isolation, creating a moving montage / 2020.3.19

멋진 스타들이 나와서 여유롭게 존 레넌의 '이매진(Imagine)' 노래를 부른다. 코로나
19를 함께 이겨내자는 뜻으로 만든 이 영상은 뜻밖의 홍보 참사를 당하게 된다. 싫

어요 7.5만을 받은 이유는 뭘까? 대부분의 사람들은 비좁은 집밖을 나서지 못하고 감금 상태에서 괴로워하고 있는데 화려하고 넓은 저택에 사는 갑부 연예인들이 "세상에 나라가 없다면 죽일 일도 죽을 일도 없고", "세상에 소유가 없다면 탐욕도 배고픔도 없어요."라고 노래를 부른다면 좋게 들릴 수가 없지 않을까? 기획의 참사다.

08 ___ 국내 이슈의 한복판에 서다! 아프리카 가나의 관짝밈

Coffin Dance (Official Music Video HD) / 2020.3.29

이 영상은 올해 2월 틱톡에 업로드됐다. 이후 여러 플랫폼과 SNS를 통해 퍼지면서 '관짝소년단'이라 불리며 밈이 됐다. 이 밈은 코로나19와 연관되어 화제가 되면서 브라질 옥외 광고판에 등장하기도 했다. 광고판에 관짝소년단 사진과 함께 "Stay At Home, or Dance With Us(집에 있든가, 아니면 우리와 춤추든가)"라는 문구가 실리면서 이 춤은 더 열광적인 반응을 이끌어 냈다. 국내에서도 많은 패러디를 낳았는데 블랙페이스로 인한 인종차별 논란을 불러 일으키기도 했다.

09 가끔은 좋은 뉴스를 좀 보고 싶다!

Some Good News with John Krasinski Ep. 1 / 2020.3.29

영상 4개로 개설 1주일만에 구독자 131만명을 모은 'Some Good News'(SGN). 미드 <오피스>의 최대 수혜자이자 <콰이어트 플레이스>시리즈를 통해 감독으로도 능력을 뽐낸 존 크래신스키가 'SGN'의 뉴스 앵커로 변신해 유튜브에서 팬들을 만났다. 첫 방송 하이라이트는 존 크래신스키와 스티브 카렐의 만남이었다. 'Some Good News'는 코로나19로 인한 팬데믹 기간 동안 세계인들의 사기를 북돋기 위해 만든 채널이다. 뉴스 뒤에 붙어있는 'SGN' 로고는 그의 아내 에밀리 블런트와 두 딸이 직접 만들었다고 한다.

부성애란 이런 것　　　　　10

How to tie a tie. / 2020.4.2

<Dad, How do i?> 채널은 생활 속에서 부모에게 꼭 배워야 하는 것들을 간단한 하우투 영상으로 가르쳐주는 채널이다. 이 채널은 생긴 지 얼마되지 않아 엄청난 구독자를 갖게 되었다. 이 채널을 개설한 롭 케니는 14살에 아버지에게 버림받았다고 한다. 본인처럼 혼자 살거나 또는 아버지 없이 자란 이들을 위해 채널을 만들었다는 사연은 수많은 이들의 공감을 불러 일으켰다.

특히 'How to tie a tie' 영상은 처음 넥타이를 매는 남성들을 위해 아버지처럼 섬세하게 매는 방법을 알려준다. 상당히 많은 조회수도 놀랍지만 '난 아빠가 없는 여자아이인데 이제 아빠가 생긴 것 같다' '난 아빠가 있는데도 눈물이 난다. 고맙다' 등 '인정'이 넘치는 댓글들이 인상적이다.

11　　——　두오모에 울려 퍼진
　　　　　　　희망의 노래

Andrea Bocelli: Music For Hope - Live From Duomo di Milano / 2020.4.12

세계적인 성악가 안드레아 보첼리가 감염 우려로 폐쇄된 두오모에서 희망을 노래했다. 부활절을 맞은 세계인들에게 다시 일어설 용기를 전하는 공연은 유튜브로 라이브 중계됐고 46만 명이 지켜봤다. 코로나19가 장기화되면서 온라인으로 연결된 공연이 많아졌다. 온택트 공연은 문화예술을 사랑하는 사람들의 갈증을 조금이나마 덜어줬다.

이번만은 하지 말라!

12

For once, Don't Do It / 2020.5.29

미국 백인 경찰의 가혹행위로 비무장 흑인이 숨지면서 촉발된 시위가 미 전역으로 확산된 가운데 나이키는 'Don't Do It' 캠페인을 펼쳤다. 다음과 같은 메시지다. "이번만은 하지 말라. 미국에 문제가 없는 척하지 말라. 인종차별주의에 등 돌리지 말라. 우리에게서 무고한 목숨을 빼앗는 걸 받아들이지 말라. 더 이상 변명하지 말라. 이것이 당신에게 영향을 주지 않는다고 생각하지 말라." 나이키가 영상을 올리자 아디다스는 해당 동영상을 리트윗하며 "함께 하는 것이 우리가 전진하는 방법이다. 함께 하는 것이 우리가 변화를 만드는 방법"이라고 했다.

일론 머스크의 꿈, 우주로 한발짝 더 나아가다!

13

NASA Astronauts Arrive at the International Space Station on SpaceX Spacecraft / 2020.5.31

일론 머스크가 세운 우주 개발 기업 '스페이스X'가 5월 30일 오후 3시 22분(한국 시간 31일 오전 4시 22분) 미국 케네디 우주 센터에서 '크루 드래곤'을 국제 우주 정거장(ISS)으로 쏘아 올리는 데 성공했다. 링크한 영상은 우주 비행사 로버트 베켄과 더글러스 헐리가 우주정거장에 도킹하는 장면으로 나사에서 실시간 스트리밍으로 보여주었다. 4시간 24분의 긴 재생 시간에도 불구하고 조회수가 무려 1,400만 회가 넘는다. 모두가 의심했던 민간 우주 탐험이 현실화되는 순간이었고 유튜브 덕분에 전 세계 다수의 사람들이 같이 지켜볼 수 있었다.

14 ———— 우리의 힘을 믿어!

You Can't Stop Us I Nike / 2020.07.30

코로나19로 거의 모든 스포츠가 멈췄다. 올림픽마저 미뤄진 절망적인 상황. 하지만 우리는 늘 일어났고 절망 속에서도 포기하지 않았으며 승리를 위해 뭉쳤다. 나이키 는 절묘한 분할 화면으로 스포츠맨십과 스포츠가 추구하는 지향을 표현했다. 이 캠 페인은 힘든 시기에도 서로를 독려하며 긍정적인 변화를 만들어 나가는 스포츠의 선한 영향력을 보여주기 위해 기획되었다. 유명 광고 대행사의 '편집의 달인'이 참여 한 프로젝트였는데, 4,000여 개 시합을 조사하고 72개 경기를 선별하여 최종적으

로 53명의 선수를 골라냈다고 한다. 이 영상은 편집에만 무려 1,040시간이 걸리는
등 상당히 공들인 작업 끝에 탄생했다.

I Sent A Letter To Pyongyang Hospital | New DPRK / 2020.08.05

북한이 유튜브를 한다?! 브이로그를 찍고 가족들의 일상 생활을 보여준다. 평양 어
린이의 일상을 유튜브로 볼 수 있는 시대라니! "우리 엄마 아부지가 방학 때 놀지만
말고 공부도 하라고 했어요"라는 영상에 유튜브 댓글 반응. '곧 한국인들이 몰려올
영상입니다', '진심 분위기가 옛날 어린이드라마 요정 컴미나 매직키드 마수리 느낌
이다', '피아노 잘친다ㅋㅋㅋ', '근데 주산을 요새 누가 씀. 계산기 쓰지'.
평범한 북한 주민들이 직접 유튜브를 하는 것처럼 보이지만 북한에서는 일반인의
유튜브 접속을 차단하고 있다. 새로운 선전 방식으로 이용하기 위해 개설한 것으로
추정된다.

2021
Connect-ability

PART 02

2021년
유튜브 트렌드 전망

코로나19는 우리들의 일상을 바꾸고 있다. 마스크 없는 외출은 상상할 수도 없고 사람 사이의 거리두기는 21세기형 에티켓이 되었다. 산업혁명 이후 한 번도 멈추지 않았던 공장들이 속도를 늦추었다. 전쟁 때나 가능하던 차단과 봉쇄 정책으로 거리가 한산해졌다. 그리고 지금 그 공백을 디지털이 메우고 있다.

2021년은 새로운 연결을 모색하는 시대가 될 것이다. 코로나19로 단절된 현실세계를 유튜브가 대체하고 있다. 유튜브의 연결망은 더욱 촘촘하고 광범위하게 확장된다. 유튜브 세계에서 내가 원하는 콘텐츠가 어떤 연결망을 거쳐 제공되는지, 또 무엇과 무엇이 서로 연결되고 있는지 많은 유저들이 궁금해한다.

김경달, 박상현 두 전문가의 예측을 통해 2021년의 유튜브 전망과 트렌드를 살펴본다. 더불어 2021년의 유튜브 키워드 8개도 소개한다.

KIM
KYONG
DAL

미디어는 시대 흐름에 따라 적극 변화했다. 우리는 신문과 라디오 시대를 넘어섰고, TV의 시대도 이미 정점을 찍었다.

그렇다면 현재와 미래를 아우를 뉴미디어는 무엇인가. 해답은 우리 일상에 이미 들어와 있는 바로 그것, 유튜브다. 지금 우리는 모두 유튜브를 하고 있다.

2021년의 유튜브 트렌드의 변화를 예측하기 위해 지난 미디어의 변화 방향을 되짚어 보는 것은 의미가 있다. 새롭게 등장하는 뉴미디어의 이면에는 그 변화를 일으키게 된 계기들이 있기 때문이다.

미디어는 디지털화 되었고 일방향에서 쌍방향으로의 변화가 강화되었다. 2021년의 미디어 지형도를 점검하고 무엇이 2021년도의 트렌드를 결정하게 될 것인지 함께 살펴본다.

김경달 네오캡 대표

전통매체와 뉴미디어 영역을 거치며 경험을 쌓았다. 미디어 지형도 변화에 관심이 많다. 최근에는 전통적인 미디어 및 기업들이 '디지털 접목 내지 전환을 어떻게 해나가는 게 좋을지'에 대한 컨설팅 프로젝트를 다수 수행 중이다.

2021년 미디어 지형도의 변화

스트리밍, 구독 경제, 이용자 우선 정책…
연결역량이 영향력을 좌우하는 시대

코로나19가 잠시 소강 국면이던 지난 여름, 어느 유통 관련 중견업체가 필자에게 미팅을 요청했다. 그렇게 마련된 자리에서 업체 참석자가 다소 뜻밖의 질문을 했다.

"요즘 소셜미디어의 동향은 어떤가요?"

처음에는 안부를 묻는 가벼운 질문이라 생각했다. 그 업체는 오프라인 중심이었고 디지털 기반 사업과는 상관성이 덜해 보였기 때문이다. 그런데 아니었다. 무척 진지한 분위기였고 질의 하나하나의 밀도가 높았다. 미팅 말미에 몇 가지 정리를 하면서 모두가 고개를 끄덕인 대목이 있었다.

"그동안은 말로만 디지털 운운했는데 이젠 진짜 디지털 혁신을 해야 할 것 같습니다. 시간적 여유도 없고 빨리 따라잡아야 할 것 같아요."

해가 바뀔 때마다 변화에 대한 전망에 관심이 쏠린다. 더구나 코로나19로 인해 엄청난 위험의 파도를 넘겨야 했던 2020년을 보내고 나니 더욱 그러할 수밖에 없다.

특히 미디어의 지형도 변화에 대한 이해의 중요성이 높아졌다. 소위 '집콕' 시절을 겪으면서 연결에 대한 수요가 더욱 커졌고 자연히 디지털 기반의 뉴미디어 서비스와 이용자 행태 변화 등에 대해 관심이 높아진 것이다. 미디어의 기본적 소임이 중개이자 연결 아닌가.

변화의 맥락을 읽을 수 있어야 한다. 다양한 맥락 속에는 신호도 있고 소음도 있다. 신호는 의미 있고 중요한 정보다. 소음은 왜곡되고 잘못된 정보다. 제대로 맥락을 짚기 위해서는 신호를 잘 찾아내고 소음은 걸러내야 한다. 변화의 맥락이 복잡할 때는 현상 하나 하나에 매몰되지 말고 행간의 본질을 읽어내는 안목이 중요하다.

사회 변화를 견인하는 3단계

우리 사회가 디지털 시대로 전환될 때 어떤 과정을 거쳐 이 변화가 일어나는 걸까?

그 변화의 과정을 큰 흐름 속에서 3단계로 간추려 보았다.

첫째, 새로운 기술이 등장한다.

둘째, 일상의 문화로 활성화된다.

셋째, 산업 재편까지 이어지면서 변화가 완성된다.

각 단계의 모습을 살펴보기 위해 조금 더 구체적인 예를 들어본다.

첫 번째, 새로운 기술이 등장한다. 수없이 쏟아지는 신기술 중에는 흘러가는 것도 많지만 우리 일상에 큰 영향을 미치는 기술도 있다. 필자가 처음 이메일 주소를 접했던 때가 90년대 초반이었다. 유학을 다녀온 선배의 명함에서 '골뱅이'(@)를 처음 보았다. 선배는 '이메일 주소'라고 설명했다. 일단 '이메일'은 금시초문이라 귀에 익숙한 '주소'만 알아들었다. 그 외계어 같은 '주소'를 보면서 어리둥절하자 선배가 웃으며 설명했지만 여전히 이해하기 힘들었다.

그렇게 낯설었던 통신 기술은 벌써 오래 전에 우리 생활에 스며들었다. 이제는 누구나 손편지 대신 이메일을 쓴다. 뿐만 아니라 와이파이, MP3, AR, VR, 블루투스 등 새로운 기술들이 연이어 탄생했다. 그리고 이 기술들은 사회 변화의 밑거름이 되고 있다.

두 번째, 기술의 변화는 새로운 문화를 만든다. 음악 감상의 변화를 예로 들어보자. 처음에는 레코드판, 카세트 테이프, CD와 같은 물리적 도구를 통해 음악을 즐겼다. 그러다 '파괴자'로 불리는 냅스터[1]가 등장하고 MP3 파일이 나오면서 커다란 문화적 충격파가 일어났다. 여

---

1. 온라인 음악 파일 공유 서비스로 1999년 6월부터 2001년 7월까지 운영됐다. 처음으로 널리 쓰였던 P2P 공유 서비스였다. (출처: 위키백과)

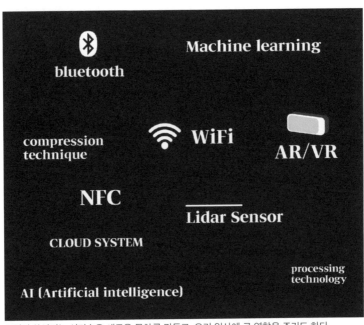

수없이 쏟아지는 신기술은 새로운 문화를 만들고, 우리 일상에 큰 영향을 주기도 한다.

기에 애플의 아이튠즈 스토어가 가세했다. 앨범으로 구입해 듣던 음악은 이제 싱글 음원으로 유통이 됐다. 가수들은 앨범이 아닌 음원을 냈고 사람들은 그 음원을 핸드폰에 저장해서 들었다. 심지어 그마저도 요즘에는 진부한 풍경이 되었다. 이제는 파일을 주고받는 것도 귀찮아 그냥 스트리밍으로 연결해서 접속만 하면 바로 들을 수 있다.

이제 세 번째 단계인 산업재편으로 넘어간다. 신흥 문화는 새로운 산업을 탄생시키고 기존 산업을 무너뜨린다. 지금까지 살펴본 음악 감상의 변화가 이 과정을 극명하게 보여준다. 음반 가게들이 사라지고 레코드나 CD를 기반으로 한 대형 음반사들은 수익구조가 취약해졌다. 대신 스포티파이와 애플뮤직, 판도라 등의 음원 서비스가 산업적 성장을 일궈냈다. 요즘은 유튜브 뮤직이 빠르게 약진하고 있다.

영상 영역의 변화도 마찬가지다. 세계 최대의 유료 동영상 스트리밍 서비스 업체인 넷플릭스는 원래 우편으로 DVD를 대여하는 회사였다. 한때 넷플릭스는 메이저급 영화 대여업체인 블록버스터에 인수 요청을 했다가 거절당했던 흑역사도 있다. 오늘날 블록버스터는 망했지만 넷플릭스는 글로벌 강자로 떠올랐다. 넷플릭스가 온라인 기반 플랫폼을 구축해 동영상을 스트리밍 서비스하는 회사로 전환했기에 가능한 일이다. 산업이 재편된 것이다.

창의적인 신기술이 나오고 대중에게 문화적으로 활성화되면서 산업이 재편되는 현상이 우리 사회 곳곳에서 나타나고 있다.

뉴미디어 시대의 신흥강자들

이러한 관점에서 '뉴미디어 시대'라 명명할 수 있는 최근 20~30년 간의 변화를 되짚어보자.

초기에는 인터넷이 기존의 전통 미디어 시장을 뒤집었고 후반에는 모바일이 등장해 문화적 변화를 촉발하면서 산업을 재편했다. 물론 전통매체들도 뉴미디어 변화에 나름대로 대응을 했고 여전히 각고의 노력을 기울이고 있지만 산업을 주도하는 건 기술 변화에 기반한 신생 업체들의 몫이다. 초창기에 벤처로 시작한 작은 신생 업체들이 이제는 거대 공룡 기업으로 성장했다. 네이버와 카카오가 2020년에 코스피 시가총액 기준 10위권에 새롭게 진입한 것도 산업 재편의 한 장면이다.

그렇다면 새로운 기회를 창출한 뉴미디어 업계는 안정적으로 발전하고 있을까? 그렇지 않다. 뉴미디어 업계는 치열한 경쟁 속에서 수없이 많은 기업들이 명멸하는 악전고투의 현장이다. 포털 시장을 살펴보자. 초창기에 심마니와 네띠앙을 비롯해 국내 시장에 등장한 10여 개 정도의 포털 서비스 가운데 살아남은 것은 네이버와 다음, 두 업체뿐이다. 그마저도 다음은 카카오라는 모바일 기반의 신생회사에 인수돼 서비스만 남았다.

이렇게 신흥 강자가 기존의 레거시 미디어를 삼키는 양상은 꾸준히 이어지고 있다. 네이버 또한 모바일로 전환하면서 큰 위기를 겪었고 그 과정을 통해 더욱 강해졌다고 해석하는 게 적절할 것이다.

이제 2020년에서 2021년으로 넘어가는 전환점을 주목해야 한다. 코로나19가 촉발한 위기가 세상을 덮치고 있다. 위기는 언제나 새로운 기술을 만들고 확장하며 최종적으로 산업을 재편한다. 이 기회를 잘 잡아야 성공한다. 물론 놓치면 소멸한다.

그렇다면 미디어 지형도의 변화에 맞는 새로운 산업 재편의 신호는 무엇일까. 어떤 변화의 흐름을 '신호'로 주목해야 할까.

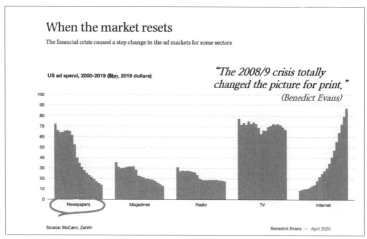

<표1> Benedict Evans, when the market resets, 2020 April. 자료출처 : McCann,Zenith

전통매체의 추락 이유는?

미국의 미디어 비평가 베네딕트 에반스는 "10여 년 전에도 큰 위기가 있었다. 그때의 변화를 살펴보는 게 도움이 될 것"이라고 강조하면서 그래프 하나를 제시했다.

'언제 마켓이 리셋되는가?'라는 제목의 <표1> 그래프는 2020년 상반기에 작성됐다. 2000년부터 2019년까지 신문, 잡지, 라디오, TV, 인터넷의 연간 광고비 수익 총량을 연도별로 담았다.

이 그래프를 보면 붉은색으로 표시된 2008년~2009년을 기점으로 광고비 수익의 뚜렷한 변화 추이를 알 수가 있다. 변화의 기점이 된 시기는 바로 2008년 글로벌 경제위기 시점이다. 글로벌 경제위기를 계기로 마켓이 크게 출렁이고 재정렬되는 모습을 보인다. 신문과 잡지는 눈에 띄게 수익이 감소한 반면 가장 우측의 인터넷은 가파르

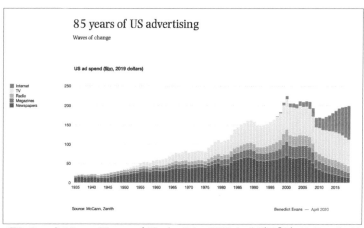

<표2> Benedict Evans, 85 years of US advertising, 2020 April. 자료출처 : McCann,Zenith

게 상승 곡선을 보여준다. 수익이 급격하게 증가하고 있다.

여기서 조금 더 자세히 봐야 할 영역은 TV다. 2008년~2009년의 그래프를 보면 이후 하강의 추세선을 계속 만들 것 같았다. 하지만 TV는 약간 주춤했다가 다시 반등하며 회복세를 보였다. 그러다 다시 하강 추세선이 나타났고 서서히 위기 신호를 보이고 있다.[2] 미국 시장의 그래프지만 우리나라에서도 비슷하게 적용시켜 볼 수 있다.

에반스의 또 다른 그래프 <표2>를 살펴보자. 기간을 대폭 확장해 1935년부터 2019년까지 85년 간 미국의 광고 지출비 총량을 표로 그렸다.

---

2. TV 광고 수익의 반등은 인터넷 다시보기와 OTT 서비스가 시작되면서 일어난 것으로 예측할 수 있다. 하지만 유튜브가 등장하면서 누구나 자신만의 방송을 업로드할 수 있게 되자 TV의 영향력이 다시 줄어드는 것으로 보인다.

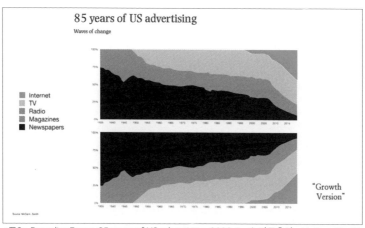

<표3> Benedict Evans, 85 years of US advertising, 2020 April. 자료출처 : McCann,Zenith

제일 아랫부분을 차지하는 신문 광고비는 계속 성장하다가 2008년~2009년 이후 급격히 쇠락하는 것을 볼 수 있다. 제일 위쪽의 회색 영역은 TV 광고비이고 끝쪽에서 영역을 키우고 있는 부분은 인터넷 광고비다. 현재 시점으로 보면 TV와 인터넷이 가장 큰 영역을 차지하며 거의 비슷한 규모의 광고비를 양분하고 있음을 알 수 있다.

이 현상을 우리는 어떻게 해석해야 할까? 다시 새로운 그래프를 살펴보자. <표3> 그래프는 전체를 100%로 놓았을 때 각 미디어가 차지하는 광고 비율을 영역 그래프로 표시한 것이다.

베네딕트 에반스는 <표3> 상단의 그래프를 통해 매체별 광고비의 변화를 보여주었다. 포인트는 기존 전통매체의 광고비가 점점 줄어든다는 점이다. 광고비의 하락은 그 산업의 하락을 의미한다. 아마 이 그래프를 본 해당 관계업계의 사람이라면 이렇게 말할 것이다.

"지금 우리 업계의 광고비 그래프가 점점 기울어지고 있군. 좋지 않은데."

이 그래프는 신문처럼 부흥했던 매체도 영향력과 광고비가 줄어든다는 것을 보여준다. 동시에 그 빈자리를 채우는 것이 있음을 알 수 있다.

그 영역을 정확히 알기 위해서는 <표3> 하단의 그래프도 함께 살펴봐야 한다. 하단의 그래프는 에반스의 그래프를 뒤집어 놓은 것이다. '성장 버전'이라고 표시한 그래프에는 새롭게 등장한 인터넷 산업이 짧은 기간 동안 성장하는 모습을 살펴볼 수 있다. 신문 산업이 줄어든 것이 아니라 인터넷 산업이 급격하게 확장된 것이다.

이렇듯 같은 데이터와 사안이라도 바라보는 관점과 서 있는 자리에 따라 풍경이 달라진다.

벤 톰슨과 토마스 백달이 합작해서 그린 표도 함께 살펴보자.

<표4>는 미국 내 신문업계의 총 광고 수익 변화선과 구글과 페이스북의 광고 수익 변화선을 겹쳐서 보여주고 있다. 하락세와 상승세가 교차하는 선이 인상적이다.[3]

신문의 총 광고비가 급격하게 줄어드는 동안 신문업계의 전체 광고비보다 더 많은 수익을 내는 기업들이 나타났다. 구글과 페이스북이 그렇다. 이 두 회사의 광고선을 살펴보면 미국의 신문 광고비 총량

---

3. 내려가는 선 중 살짝 위쪽에 걸친 짙은 선은 신문매체와 디지털 신문의 수익을 합한 곡선이다. 수익이 약간 올라가기는 했지만 실제로 내리막 경향을 막기에는 역부족처럼 보인다.

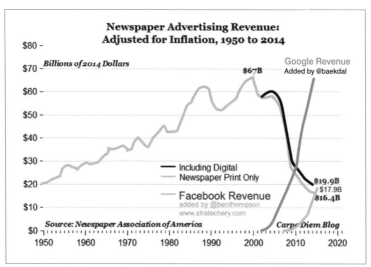

<표4> What Killed The Newspapers? Google Or Facebook? Or...?, 2016 September.
자료출처 : www.baekdal.com

보다도 각각 더 많은 광고수익을 낸 지가 꽤 되었음을 알 수 있다.

이 표는 벤 톰슨이 먼저 만들었다. 벤 톰슨은 신문업계 광고 수익 곡선과 함께 페이스북의 광고 수익 곡선을 대비해서 그래프로 보여주었다. 그는 "신문업계 광고비의 하락세는 페이스북의 광고 수익이 한 푼도 없을 때부터 이미 시작됐다"라고 분석했다.

페이스북 때문에 신문업계가 힘들어진 게 아니라는 주장이다. 백달은 이에 공감하면서 여기에 구글의 광고 수익 곡선을 추가했다. 그런 후 이런 질문을 던진다.

"무엇이 신문을 죽였는가? 구글? 페이스북? 아니면?"

이 칼럼에서 백달은 구글과 페이스북이 신문업계의 광고비를 빼앗아 간 것이 아니라 새로운 광고 시장을 창출한 것이라고 주장했다.

그렇다면 전통 매체는 왜 추락했을까?

이에 대한 답을 찾는 것은 그리 어렵지 않다. 모바일로 전환되는 미디어 환경 변화와 이용자들의 미디어 이용 행태 변화를 보면 쉽게 이해가 갈 것이다.

변화의 기회, 모바일에서 찾아라!

하버드 대학의 저널리즘 연구소 니먼랩에서 미디어 지형도의 변화에 대해 검토한 글이 있다. 니먼랩의 디렉터 조슈아 벤톤은 이 글에서 2019년 메리 미커의 보고서와 이마케터 그래프 <표5>를 인용했다. 요점은 명확하다. 2010년과 2018년을 비교해보면 인쇄매체를 필두로 한 전통매체의 이용자 주목이 빠르게 줄었고 반대로 모바일은 강력하게 약진했다는 점이다.[4]

2010년도에 인쇄매체는 8%의 이용자 체류시간(이용자들의 미디어 주목)을 차지했고 27%의 광고 수익을 얻었다. 2018년에 인쇄매체는 3%의 이용자 체류시간과 7%의 광고 수익을 얻었다.

TV는 2010년 43%의 이용자 체류시간과 동률의 광고 수익을 얻었으며 2018년에는 34%의 이용자 체류시간과 광고 수익을 차지했다.[5] 반면 모바일 부문은 8년 간 체류시간과 광고 수익이 크게 상승하며 다른 미디어와 대조적인 모습을 보였다. 2010년에는 8% 체류시간에 0.5%의 광고 수익을 얻었으나 2018년에는 33%의 체류시간을 차지했

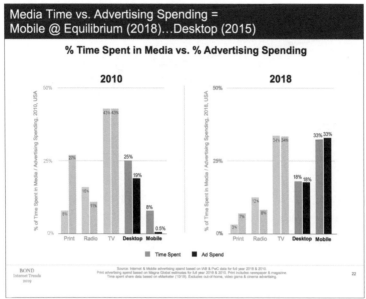

<표5> Joshua Benton, The scariest chart in Mary Meeker's slide deck for newspapers has gotten even a wee bit scarier, 2019 June. 자료출처: www.niemanlab.org

으며 광고 수익 또한 동일한 33%로 확장됐다. 광고 수익 비율로는 무려 66배나 증가한 것이다. 또한 다른 매체의 광고 수익을 넘어서 TV와 거의 같은 수준의 비용을 차지하고 있음을 살펴볼 수 있다.

메리 미커의 이러한 분석은 이마케터의 데이터에서 도출됐다. 이

---

4. 여기서 데스크탑 항목에는 데스크탑이나 랩탑에서 살펴보는 인터넷 미디어와 이를 통해 집행되는 광고비를 정리했으며 모바일은 핸드폰이나 태블릿을 통해 보는 인터넷 미디어과 여기에 집행되는 광고비를 말한다.

5. 인쇄 매체의 체류시간과 광고비 수익의 불균형은 결국 시간이 지나면서 광고 수익의 하락으로 나타났다. 하지만 아직까지도 체류시간 대비 광고 수익이 높은데, 이는 향후 광고 수익이 지속적으로 하락함을 예상할 수 있게 만든다. 반면 2010년 상대적으로 체류시간 비율 대비 광고 수익이 불균형했던 데스크탑과 모바일은 8년 후 체류시간과 광고 수익이 같은 비율을 차지하며 성장만큼 광고 수익 비중도 커지게 되었다.

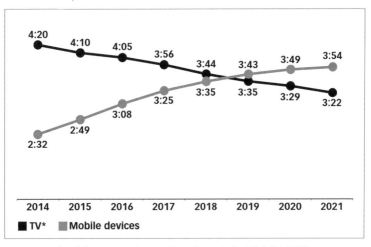

<표6> TV and Mobile Devices : Average Time Spent in the US, 2014-2021.
자료출처 : www.eMarketer.com

마케터의 이용자 체류시간에 대한 전망을 살펴보면 역전의 시점을
파악할 수 있다.

<표6>은 2014년부터 2021년까지 미국에서 이용자가 TV와 모바
일 기기에 머무는 시간을 비교하고 그 추이를 그린 그래프다. 대략
2019년을 기점으로 모바일의 추월이 나타난다.

한편 이마케터에는 유사한 한국 데이터를 수집해 작성한 <표7>
그래프도 있다. 전통매체와 디지털 미디어로 구분을 했는데 2017년
경에 둘 사이의 점유율이 바뀌는 것을 볼 수 있다.

이를 통해 향후 산업의 재편과 성장이 디지털 모바일 시장에서
일어날 것으로 예상된다. 다양한 형태의 홍보 마케팅 비용이 모바일
환경으로 유입되고 있다. 모바일에서의 기회는 꾸준히 증가 중인데

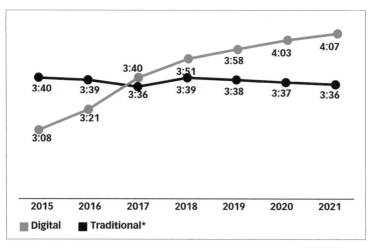

<表7> Traditional vs. Digital Media : Average Time Spent in South Korea, 2015-2021.
자료출처 : www.eMarketer.com

이는 2021년에도 더욱 가속화될 전망이다.

코로나19가 가져온 디지털 혁신의 가속화

코로나19로 팬데믹이 선언된 후 메리 미커는 '우리의 새로운 세계 2020'라는 특별 보고서를 발표했다. 이 보고서의 메시지는 한마디로 '디지털 혁신의 가속화'라고 할 수 있다. 이미 언급한 것처럼 팬데믹 이후의 디지털 전환은 생존의 절박한 과제가 되었다.

예를 들어 오프라인을 기반으로 한 화장품 업체들은 코로나19로 매장 매출이 급감하면서 온라인 판매가 중요해졌다. 하지만 기존의 온라인 판매 비중이 적었던 관계로 투자 필요성을 느끼지 못했고 실제로 투자가 미미했다. 당연히 온라인 서비스는 열악했고 이용자 경험도 불편했다. 그러다 팬데믹이 발생했다. 이대로는 생존이 불가능하기 때문에 디지털 혁신은 당장 진행해야 할 과제가 되었다.

은행도 마찬가지다. 아직은 수많은 현장 영업점이 있고 여전히 창구를 통해 은행 업무를 보는 고객들도 있다. 하지만 카카오뱅크의 성장이 보여주듯 온라인과 모바일 환경에서의 금융거래 비중이 계속 높아지고 있다. 결국 은행 영업점의 고정비는 계속 나가는 반면 각 점포에서 창출되는 가치는 줄어드는 상황이 곧 생길 것이다.

이 지점에서 이미 오래전부터 시작된 고민들이 다시 등장한다. 이를테면 재무적 관점에서의 효율성 제고라는 생존전략과 함께 그 과정에서 고객 감소를 방지하기 위해 이용자 유지 및 강화를 위한 고객만족도 제고 전략을 세워야 한다는 점이다. 이를 하나로 묶으면 '디지털 혁신 전략'이 된다.

메리 미커의 보고서에서 유난히 눈길을 끄는 서비스 기업이 있다. 일일 서비스 이용자가 3개월만에 스무 배나 증가한 곳으로 줌(Zoom)이라는 화상회의 솔루션 기업이다.

줌의 설립자 에릭 유안은 중국계 미국인으로 원래 화상 채팅 솔루션을 만들던 개발자였다. 그는 재직하던 회사에서 기능 개선에 대한 제안을 냈지만 잘 받아들여지지 않자 직접 개발을 결심하고 줌을 창업하게 되었다.

<표8>을 보면 2019년 4월 줌이 상장되고 그해 12월 줌의 일일

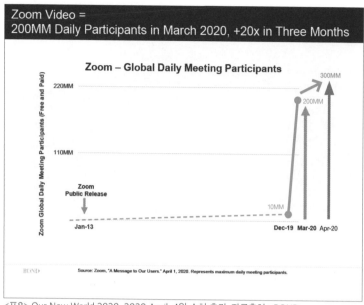

<표8> Our New World 2020, 2020 April. 4월 수치 추가. 자료출처 : BOND

회의 참가자는 약 1,000만 명 수준이었다. 2020년 초, 코로나19가 발생한 뒤 3월에 일일 참가자는 약 2억 명 정도가 되었다. 무려 스무 배나 증가한 것이다. 한 달 뒤 4월 말에 다시 체크해 보니 일일 이용자는 3억 명으로 다시 늘었다. 줌은 2020년 2사분기 한 분기동안 3억 회 이상의 앱 다운로드를 기록한 선도 그룹에 들어섰다. 지금까지 그 기록을 달성한 앱은 '포켓몬 고'와 '틱톡' 뿐이었다.

줌은 주식시장에서도 커다란 주목을 받고 있다. 2020년 2분기 매출이 전년 동기 대비 약 4배가량 올랐고 주당 순이익도 시장 예상치의 2배를 뛰어넘었다. 주가는 급상승했고 창업 9년차 신생기업에 불과한 줌이 109년 역사의 거대기업 IBM의 시가총액을 추월하면서 많

줌(Zoom) CEO, 에릭 유안. 사진출처 : Zoom blog

은 이들을 놀라게 했다.

신기술의 하나였던 줌은 이제 일상 속에 자리 잡은 중요한 문화 풍경이 되었다. 우리는 이제 회의를 하거나 세미나를 할 때 줌을 바로 떠올리게 됐다. '줌하자'는 말은 곧 '회의하자'는 의미를 갖게 됐다. 마치 '검색하다'는 말과 '구글하다'는 말이 동의어처럼 쓰이듯 줌은 뉴미디어 시대의 새로운 필수재이자 문화적 아이콘으로 자리잡았다.

스트리밍의 시대, OTT 전쟁의 확장

이미 음악과 영상 분야는 넷플릭스와 유튜브 뮤직, 멜론 등 스트리밍 서비스 기반으로 넘어왔다. 스트리밍 서비스의 강화는 2021년에 더욱 가속화될 전망이다.

음악산업의 경우 스트리밍 서비스 기반으로 산업이 전환되면서 다시 활성화되고 수익성도 되살아났다.

이제 스트리밍 서비스를 이야기할 때 영상 부분도 빼놓을 수 없다. 영상 스트리밍은 주로 OTT 서비스를 통해 이루어진다. OTT(Over The Top)는 인터넷으로 드라마나 영화 등 다양한 미디어 콘텐츠를 제공하는 서비스를 말하는데 해외의 OTT 서비스 업체들 간에는 춘추전국 시대를 방불하는 전쟁이 진행 중이다. 국내 OTT 서비스들도 치열한 경쟁을 하고 있다. 거대 미디어들이 앞다투어 스트리밍 시장으로 뛰어들며 TV 중심의 방송산업이 누리던 먹거리를 분할해 빼앗고 있는 중이다.

OTT 시장 내 압도적 1위인 넷플릭스와 그 뒤에 쫓고 있는 아마존의 프라임 비디오에 대항하여 디즈니는 2019년 11월 디즈니 플러스를 런칭했다. 2020년 4월에는 숏폼 스트리밍 서비스 퀴비가 런칭됐고 5월엔 워너미디어가 HBO를 재정렬한 HBO 맥스를, 7월에는 NBC의 피콕 서비스가 시작됐다. 최근에는 비아컴CBS가 파라마운트 플러스로 참전하는 등 2020년의 글로벌 OTT 전선에는 굵직한 변화가 일어나는 중이다.

디즈니 그룹의 매출 비중 변화를 살펴보면 OTT 전쟁이 왜 중요한지 이해할 수 있다. <표9>는 디즈니의 2017년부터 2020년 3분기까지의 매출 그래프이다. 2017년부터 일정한 수익 곡선을 그리던 매출은 2020년에 뚝 떨어진다. 특히 매출이 급전직한 부분은 테마파크에서 나오는 수익이었다. 디즈니의 매출에는 테마파크와 캐릭터 상품 판매 등이 큰 비중을 차지하는데 코로나19로 이 부분의 매출이 거의 1/5가량 줄어들 정도로 타격을 받았다.

하지만 표를 다시 살펴보면 디즈니의 전체 매출은 생각보다 크게 줄어들지 않았다는 것을 알 수 있다. 감소한 테마파크 매출을 상쇄시켜 준 것이 바로 디지털 스트리밍 기반의 서비스였다.

2019년 11월 디즈니는 디즈니 플러스라는 자체 OTT 서비스를 시작했다. 디즈니 플러스는 오픈 후 하루 만에 1,000만 명의 가입자를 모으며 주목받았다. 2020년 상반기에는 코로나19 국면에도 불구하고 6개월 만에 6,000만 명의 유료 가입자를 모았다. 여기에 ESPN과 훌루 등 디즈니의 서비스를 모두 합치면 이용자 수가 1억 명이나 된다.

현재 OTT 서비스 중 이용자 수가 가장 많은 업체는 넷플릭스이다. 2020년 상반기 기준으로 2억 명에 가까운 유료 가입자를 확보하고 있다. 어마어마한 이용자 수를 기반으로 넷플릭스는 2020년에만 20조 원이 넘는 콘텐츠 투자를 진행하고 있다.

글로벌 스트리밍 경쟁을 통한 2021년도 전망을 보면 넷플릭스와 디즈니의 양강구도가 가장 주목되는 상황이다.

넷플릭스의 CEO 헤이스팅스는 최근 한 인터뷰에서 경쟁자로 누구를 생각하느냐는 질문에 "넷플릭스가 유료 가입자 6,000만 명을 모으는데 12년이 걸렸는데 디즈니는 6개월 만에 달성했다. 강력한 경쟁자다"라고 대답했다.

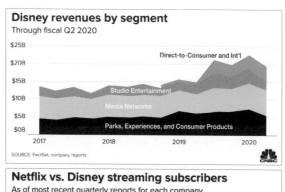

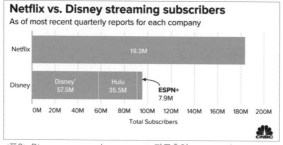

<표9> Disney revenues by segment. 자료출처 : www.cnbc.com

스트리밍 서비스는 대세다. 우리 생활 자체가 스트리밍으로 변화할 지도 모른다. 코로나로 인해 하객들을 초대할 수 없게 되자 스트리밍 서비스로 비대면 결혼식을 치렀다는 기사도 나온다. 앞으로는 이런 식의 결혼식이 일반화될 수도 있다.

코로나는 분명 극복될 것이다. 코로나로 인해 우리 생활에서 변화한 부분 중 어떤 것은 원래대로 돌아가겠지만 어떤 것은 되돌아가지 못할 것이다. 대표적인 것이 바로 스트리밍 서비스가 될 것으로 보인다. 사람들은 이미 스트리밍 서비스에 익숙해졌으며 다양하게 활용하기 시작했다.

뉴스레터부터 유튜브 채널까지, 구독 생활의 정착

언제부터인가 뉴스레터 서비스가 다시 증가하기 시작했다. 한발 더 나아가 뉴스레터를 유료로 운영하는 곳도 생겨났다.

이같은 변화의 맥락은 어떻게 이해할 수 있을까. 결론부터 말하면 구독 서비스의 활성화 덕분이라고 생각한다. 주변을 둘러보자. 당장 유튜브부터 채널 구독이 일상화됐다. 넷플릭스와 웨이브, 티빙 등 스트리밍 서비스는 물론 밀리의 서재처럼 책을 구독하는 것도 자연스럽다. 현대자동차의 자동차 구독 서비스도 있고, 그림 구독 서비스를 통해 정기적으로 그림을 바꿔가며 감상할 수도 있다. 늘 제철 농산물만 먹을 수 있도록 농산물 꾸러미를 구독하기도 하고 빵 구독도 있다. 마켓 컬리나 쓱 배송 같은 경우도 회원제 멤버십으로 구독을 할 경우 알아서 내게 필요한 물건들을 추천해 준다.

구독 서비스의 활성화는 우리의 일상 문화가 '소유' 중심에서 '접속' 중심으로 전환하고 있음을 보여준다. 직접 소유하는 것보다 필요할 때 접속해서 이용하는 것이 더 편리하고 효율적이다. 물론 접속을 통한 수요 해결이 가능하려면 다양한 수요의 접속을 해소할 수 있는 인프라가 구축되어야 한다. 유튜브와 넷플릭스, 그리고 새벽배송처럼 말이다.

언급한 대로 스트리밍 기반으로의 전환이 대세인 점을 고려하면 구독 서비스는 더욱 확산될 것이다. 상수도관을 잘 구축하면 수도꼭지를 연결해서 언제든 물을 이용할 수 있듯 다양한 서비스 인프라가 구축되어 흐르고(스트리밍) 있다면 누구나 언제든 필요에 따라 접속해서 그 서비스를 이용할 수 있을 것이다.

우리는 이미 익숙해져서 인지하지 못할 수도 있지만 사실 유튜브 플랫폼은 거대한 구독자 커뮤니티의 집합체라고도 볼 수 있다. 구독자 커뮤니티는 동일한 기호와 관심사, 팬덤 등 공통분모를 가진 사람들의 집합체다. 이 집합체는 수익모델 관점에서 무척 유용하다. 광고주들은 만나고 싶은 타깃 집단을 지금까지 '효과적으로' 만나기 힘들었다. 매스미디어를 통해 다소 '펑퍼짐'하게 접하는 것이 최선이었다. 그런데 유튜브를 통해 다양한 카테고리와 속성 등 세밀하게 분류된 타깃 집단을 골라내고 그들과 소통할 수 있는 환경이 마련된 것이다.

예를 들어 20대 후반 직장 여성을 타깃으로 하는 책을 홍보하고 싶다면 타깃 구독자가 많은 채널을 찾아 공략하는 것이 효과적일 것이다. 구독 모델 관점에서 보면 유튜브 플랫폼의 효과적인 기반은 상당 기간 지속될 것으로 예상된다.

뉴욕타임스의 보도에 따르면 비디오와 음악 서비스를 비롯해 클라우드 저장소와 데이팅 앱 등 다양한 영역에서 구독료 지출이 계속 증가하고 있다. 아울러 수백만 명의 데이터 분석을 통해 2019년 미국인들의 1인당 구독 서비스 지출 비용이 640달러라고 보도했다. 이는 전년 대비 7% 포인트 증가한 액수다.

디지털 구독 전환에 성공한 뉴욕타임스 사례

사실 뉴욕타임스야말로 구독 서비스 확산의 수혜자다. 현재 신문업계는 전반적으로 하락 추세인데 뉴욕타임스는 2020년에 들어와 성공적인 디지털 전환을 이루었다는 평가를 받았다.

2020년 8월 맥킨지 컨설팅은 뉴욕타임스의 CEO 마크 톰슨을 인터뷰한 리포트를 발표했다. 이 리포트에서 맥킨지는 톰슨이 재직했던 2012년부터 2020년까지의 주요 수치를 공개하면서 긍정적 성과가 많았다고 평가했다.[6] 톰슨은 'Digital First' 전략을 통해 170년 된 올드 미디어를 성공적으로 디지털 전환하고 리더십 있는 매체로 변화시켰다는 게 맥킨지의 평가다. <표10>에 의하면 뉴욕타임스를 디지털로만 구독하는 고객이 2012년에는 36%였는데 2020년에는 87%에 이른다. 디지털 구독자의 수익 비중도 2012년 14%였는데 현재는 48%로 절반이나 된다.

톰슨이 디지털 분야에서 이런 성과를 얻기까지 다양한 실험과 구조조정 등 뼈를 깎는 노력이 뒷받침됐다. 2014년에는 내부의 주요 멤버들로 TF를 꾸려 6개월간 전문가 심층 인터뷰 및 연구를 통해 '혁신보고서'를 발간하기도 했다.

'수용자의 재발견'과 '디지털 전략 수립'을 촉구하는 내용이 담긴 그 혁신보고서는 워낙 많이 알려졌기에 이 책에서 다시 언급할 필요

---

6. 62세의 톰슨은 2020년 9월에 자신이 뽑았던 수석 부사장이자 운영총괄 메레디스 레비엔에게 CEO를 물려주고 은퇴했다.

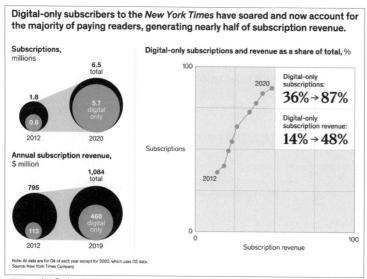

Digital-only subscribers to the *New York Times* have soared and now account for the majority of paying readers, generating nearly half of subscription revenue.

Subscriptions, millions

1.8   6.5 total

0.6   5.7 digital only

2012   2020

Annual subscription revenue, $ million

795   1,084 total

113   460 digital only

2012   2019

Digital-only subscriptions and revenue as a share of total, %

Subscriptions

2020

2012

Digital-only subscriptions: **36% → 87%**

Digital-only subscription revenue: **14% → 48%**

Subscription revenue

Note: All data are for Q4 of each year except for 2020, which uses Q2 data.
Source: New York Times Company

<표10> 자료출처 : McKinsey & Company

는 없겠다. 다만 한가지 특기 사항은 이전까지 뉴욕타임스는 고객을 'Reader'로 불렀는데 이 혁신보고서에서는 'Audience'로 호칭이 바뀌었다는 점이다. 이후 최근 확인해 본 뉴욕타임스 홈페이지 내 서비스 용어 페이지에서 그 표현은 다시 'User'로 바뀌었다.

과도한 의미 부여일지도 모르지만 필자가 해석하기엔 뉴욕타임스의 디지털 전환과정에서 이용자 접점에 대한 이해와 노력이 꾸준히 개선되었음을 방증하는 사례로 보인다. 더불어 전통매체로서 흔히 레거시로 불리던 무거운 정체성의 뉴욕타임스가 아닌, 디지털을 효율적으로 접목하면서 좀 더 폭 넓고 유연한 정체성을 확보한 뉴욕타임스로 거듭난 것으로도 이해가 된다.

디지털 혁신의 또다른 방법, 협업(Collaboration)

뉴욕타임스의 성공 사례는 미디어 업계에 많은 시사점을 주고 있다. 물론 일부에서는 '세계적으로 이름값 높은 뉴욕타임스여서 구독기반 확장이 가능했지, 아무나 그렇게 되기는 힘들다'는 냉소와 부정적 지적도 있다. 하지만 여러가지 자구책을 강구하던 미디어업계에 좋은 힌트가 됐고 다양한 벤치마킹이 일어나고 있다.

새로운 구독 모델 실험 가운데 '연합군 전략'이라고 부를 만한 번들링(Bundling)도 있다. 경제 매체인 블룸버그와 스포츠 전문매체인 디애슬레틱이 최근에 번들링 상품을 내놓았다. 이렇게 각기 다른 분야의 매체가 연합하는 이유는 구독자 혜택 때문이다. 구독자의 관심을 끌려면 눈에 띄는 혜택을 줘야 하는데 매체 하나로는 부족한 측면이 있다. 볼거리가 많은 연합군을 만들어서 구독자의 요구를 충족시키려는 전략이다.

이런 시도들이 얼마나 성공적인 결과로 이어질 지는 아직 미지수지만 여기서 고무적인 것은 공급자 중심의 관점을 탈피하고 '이용자 중심(User First)'으로 전략을 짜고 실행한다는 점이다.

이런 연합은 뉴스 매체에서만 일어나는 것이 아니다. 애플과 아마존이 협력한 사례도 있다. 사실 애플과 아마존은 시장에서 경쟁자 관계이다. 애플TV 플러스와 아마존 프라임 비디오가 직접적인 경쟁을 하기 때문이다.

하지만 이미 아마존의 AI 스피커 알렉사에 애플 뮤직을 탑재하고 애플TV 플러스에는 아마존 프라임 비디오를 입점시켜서 서로 협력하는 모습을 볼 수 있다.

국내에서도 KT가 넷플릭스와 손잡고 구독을 공유하기 시작했고 국내 지상파 방송들도 SKT와 손잡고 '웨이브(wave)' 서비스를 출범시켰다. CJENM과 jtbc는 티빙(TVING)을 앞세워 협업하고 있다. 다만 2020년 현재 넷플릭스의 독주를 막기에는 국내 OTT 전선이 아직 분산적이고 약한 편이다.

2021년, 연결역량(Connectability)을 주목하라!

현재 리셋 과정을 통해 빅뱅 중인 미디어 산업계의 변화에서 우리는 무엇을 주목해야 할까? 이것이 유튜브를 포함한 2021년 미디어 지형도를 변화시킬 것이다.

첫 번째, 스트리밍. 음악과 영상 등 미디어 서비스들이 인터넷 상에 흐르고(streaming) 있다. 이용자들은 언제 어디서든 접속해서 음악과 영상을 이용할 수 있다. 지금도 영상 영역에서 국내외 다수 업체들이 스트리밍 전쟁을 벌이고 있다.

두 번째, 구독경제. 미디어 영역뿐만 아니라 다양한 영역에 걸쳐 '소유'가 아닌 '구독' 경제가 확대되고 있다.

세 번째, 이용자 우선 정책. 어떤 미디어 서비스든 이용자가 우선되어야 한다. 더불어 이용자와 함께 커뮤니티를 구축하는 것이 더욱

국내 OTT 서비스들도 구독 시장을 확대하기 위한 치열한 각축전을 벌이고 있다.

중요해 졌다.

시간을 연결하는 스트리밍, 필요를 연결하는 구독경제, 그리고 사람을 연결하는 커뮤니티 구축. 이 세 가지의 개념을 묶어서 하나의 키워드로 종합한다면?

바로 '연결역량'이란 단어로 정리해 볼 수 있다는 게 필자의 주장이다. 2021년은 연결역량이 온라인 서비스의 승패를 좌우하는 시대가 될 것이다.

유튜브 크리에이터를 생각해보자. 크리에이터는 채널 개설과 함께 콘텐츠를 게시하고 그에 따라 구독자가 증가하면서 소통한다. 그 채널의 지속성은 구독자와의 소통 기반이 하나의 커뮤니티로 단단하게 유지되는지 여부와 맞물려 있다. 크리에이터의 입장에서 보면 '나의 구독자들이 나를 지탱하는 근간이다'라는 명제는 너무나 당연하다.

위기를 호소하는 전통매체들이 돌파구를 모색할 때 유튜브 크리에이터의 고민을 대입해보면 어떨까? 두 집단의 고민은 한마디로 어떻게 하면 이용자 기반을 창출하여 유지하고 강화할 것인가와 맞닿아 있다. 결국 미디어의 생존전략도 연결역량에 달려 있는 것이다.

연결역량은 비단 미디어의 고민에 국한된 개념이 아니다.

모든 이용자 개개인이 연결역량에 대해 고민할 수 있다. 자신의 정체성이 '나는 어느 회사의 누구입니다'라는 명함으로 표현되는 것이 아닌, 내가 어떤 커뮤니티에 속해 있는지, 나는 어떤 구독 리스트를 갖고 있는지가 나를 설명하는 주요 토대가 될 것이라 본다.

내가 어디와 그리고 누구와 연결되어 있는지를 설명하는 것이 바로 나를 설명하는 것과 같은 의미가 될 것이다. 내가 가진 연결역량에 따라 나의 영향력이 좌우되는 시대가 도래할 것이다.

온라인 플랫폼은 끊임없이 변화한다. 하지만 이런 변화, 혹은 진화는 쉬운 작업이 아니다. 무수히 많은 소셜미디어 서비스들이 탄생해서 플랫폼이 되고자 했지만 성공하는 서비스는 극소수에 불과하다.

그런 의미에서 유튜브는 운이 좋은 서비스이다. 그런데 처음 기획된 유튜브와 현재의 유튜브는 많은 차이를 갖고 있다.

유튜브의 알고리듬을 파악하기 위해서는 이 서비스가 어떻게 기획되었으며 무엇 때문에 현재의 서비스 형태를 갖고 가게 되었는지 살펴보는 것이 중요하다. 또한 이를 통해 2021년의 유튜브는 어떤 변화를 모색하고 있는지도 함께 알아보자.

박상현 코드 미디어 디렉터
사단법인 코드의 미디어 디렉터로 일하며 현재
뉴욕 Pace University의 방문 연구원이다. 미디어 스타트업
엑셀러레이터 메디아티에서 콘텐츠랩장으로 일했다.
씨로켓리서치랩 멤버로서 뉴스레터와 살롱의 운영진으로
활동 중이다.

▶ 트렌드 예측 2

유튜브의 진화와 기회

짧은 영상과 커머스의 결합,
유튜브는 이 시장도 장악할까?

유튜브의 초창기: 움직이는 표적

온라인 플랫폼은 끊임없이 변화한다. 트위터와 페이스북, 유튜브 등
많은 사람들의 일상이 된 온라인 플랫폼들도 대부분 탄생한 지 10여
년 밖에 되지 않았다. 하지만 각 플랫폼들의 초기 모습을 보면 '이게
지금 우리가 사용하고 있는 그 서비스가 맞나' 싶을 만큼 낯선 모습
을 하고 있다.

낯설게 느껴지는 가장 큰 이유는 사용자 인터페이스의 변화이기
도 하지만 더욱 중요한 요인은 우리 눈에 보이는 디자인이 아닌, 플랫
폼의 작동방식이나 알고리듬의 변화 때문일 것이다.

페이스북이 2006년에 뉴스피드를 도입하면서 상단에 다른 이용자의 포스트를 올리는 시스템을 구축했다. 만일 페이스북이 그 포스트들을 맞춤형으로 보여주는 알고리듬으로 꾸준히 다듬고 발전시키지 않았다면 지금처럼 중독성이 높은 플랫폼이 되지 못했을 것이다. 또한 전세계 인구의 1/5이 사용하는 서비스가 되지 못했을 것이다.

하지만 이런 변화, 혹은 진화는 쉬운 작업이 아니다. 무수히 많은 소셜미디어 서비스들이 탄생해서 플랫폼이 되고자 했지만 성공하는 서비스는 극소수에 불과하다. 플랫폼으로 성장한 기업들도 외부환경의 변화에 적응하지 못하거나 무리한 변화를 시도하다가 서비스를 접는 경우가 자주 일어난다. 특히 스타트업이 만들어낸 서비스일 경우 투자자의 요구와 사용자들의 요구 사이에서 균형을 잡기가 힘들다. 그것은 마치 달리는 말 위에서 움직이는 표적에 활을 쏘는 것만큼이나 까다로운 작업이다.

그렇게 봤을 때 유튜브는 무척 운이 좋은 케이스에 해당한다. 서비스가 인기를 끌기 시작한 초기에 구글이라는 테크 대기업에 인수되어 수익 창출에 대한 큰 부담 없이 막대한 자금과 기술지원으로 글로벌 서비스에 맞는 인프라를 확충할 기회를 가질 수 있었기 때문이다. 유튜브는 달리는 말이 아닌, 구글이라는 든든한 바위 위에서 표적을 맞추면 되었다.

하지만 유튜브가 겨냥한 표적은 빠르게 움직이고 있었고 그 실체 또한 모호했다. 사람들은 1세기 동안 TV와 영화라는 매체를 통해 프로덕션 영상을 보는 데 익숙해져 있었다. 따라서 온라인에서 일반인들이 찍은 비디오를 본다는 것은 그 자체로 낯선 행위였다.

유튜브 설립자 스티브 첸과 채드 헐리는 설립 초기에 "추수감사절에 가족들이 모여서 찍은 비디오를 나중에 공유하려니 적절한 방법이 없었다. 그래서 유튜브를 만들기로 했다"는 '탄생 설화'를 이야기하고 다녔다. 물론 많은 실리콘밸리 기업들의 탄생 설화가 사실이 아니듯 유튜브의 기원도 사실이 아니다.[7]

여기에서 주목할 부분은 첸과 헐리의 '탄생 설화' 속에 드러난 유튜브의 기능이었다. 그들은 일반인들이 개인적으로 찍은 비디오를 공유하는 용도를 생각했다. 하지만 2020년의 유튜브는 수백만 명의 구독자들을 거느린 셀럽 유튜버가 프로덕션 수준의 고품질 영상을 제작해서 정기적으로 업로드하거나 라이브 방송하는 세상이다. 설립자들이 처음 생각했던 의도와는 너무 차이가 나는 모습이다.

유튜브 초기는 인터넷 동영상의 시대가 어떤 모습일지 가늠하며 여러 가능성을 타진하던 시기였다. 넷플릭스가 우편으로 DVD 대여 사업을 하면서도 궁극적으로 인터넷 스트리밍을 통한 영화 유통을 꿈꾸며 서비스명을 넷플릭스(Netflix=internet+flicks)로 정하고 줄곧

---

7. 이렇게 이야기를 만들어 내는 것은 사람들에게 새로운 서비스를 쉽게 이해시키고 기억하게 하려는 데 목적이 있다. 서비스를 처음 준비할 때만 해도 유튜브는 데이트 상대를 구하는 영상 프로필을 올리는 사이트로 기획되었다. 자체 기획의도가 시장에서 거의 반응이 없었던 반면, 무료로 영상을 업로드할 수 있다는 소문에 다양한 영상이 올라오고 링크를 공유하는 사람들이 몰려들면서 재빨리 사업을 전환했다. '추수감사절 파티 영상 공유'라는 탄생 설화는 유튜브의 부끄러운 과거를 지우기 위한 방법으로 PR업체가 제안한 것으로 알려져 있다.

목표를 향해 달려왔던 것과는 사뭇 다른 모습이었다.

바이럴(Viral) 영상의 탄생

전문성이 없는 일반인이 찍은 영상이라고 해도 그중에 재미있고 관심을 끄는 영상이 등장하게 마련이다. 어떤 면에서 유튜브의 초기 성공은 TV가 깔아놓은 카테고리의 덕을 봤다고 할 수 있다. 바로 '아메리카 퍼니스트 홈 비디오(America's Funniest Home Video, 약칭으로 AFV)'다.

AFV는 1989년에 기획된 미국 ABC 방송국의 일회성 특집 프로그램이었다. 1980년대에 이르러 미국의 가정에서는 어린아이들이 노는 모습이나 가족 파티 따위를 VHS 비디오 카메라로 찍는 일이 보편화되었다. 영상들 중에는 상상도 못할 우스운 장면들이 많았다. 홈 비디오에는 방송국이나 프로덕션 회사에서 기획한 영상이 흉내내기 힘든 꾸며내지 않은 재미가 있었다.

ABC 방송국은 시청자들로부터 재미있는 영상을 제공받아 추수감사절 특집 프로그램으로 방송했는데 이것이 히트를 치면서 주간 정규 프로그램으로 편성되었다. AFV는 1990년 1월부터 유튜브가 보편화되기 시작한 2000년대 중반까지 큰 인기를 끈 가족용 오락프로그램으로 공고한 입지를 누렸다.

코미디언 밥 새겟이 진행하던 1990년대의 AFV는 나중에 "유튜브가

90년대의 유튜브였던 '아메리카 퍼니스트 홈 비디오'.

없던 시절의 유튜브"라는 별명이 붙었을 만큼 일반인이 제작한 영상이 대중화되는 초기 모델을 제공했다.

눈치 빠른 독자는 이 대목에서 유튜브 설립자들이 왜 '추수감사절 영상을 가족과 공유하려 했다'는 탄생 설화를 만들어 냈는지 감 잡았을 것이다. 유튜브는 2005년 설립 당시만 해도 일반인들이 촬영한 영상을 업로드, 공유하는 서비스였고 그 당시 사람들에게 가장 익숙한 모델은 AFV였다.

이는 자동차가 처음 나왔을 때 '말 없는 마차'라고 불렸던 상황을 연상시킨다. 새로운 매체/도구가 등장했지만 아직 그 성격을 정확하게 규정하기 힘들기 때문에 당시 대중에게 익숙한 매체/도구의 개념을 차용해서 이해하는 방식이다.

물론 지금의 유튜브는 인기 가수가 신곡을 발표하는 채널이니 MTV라 부를 수도 있고, 뉴스를 볼 수 있으니 지상파 방송의 역할을 하기도 하고, 각 나라 정부의 중요한 발표를 중계하는 공공채널의 역할도 하는 등 다양한 모습을 갖게 되었다.

왼쪽 위부터 시계방향으로 '찰리가 내 손가락을 물었어(Charlie bit my finger),' '드라마틱 룩
(Dramatic Look),' '치과에 다녀온 데이빗(David after dentist)', '재채기하는 판다(Sneezing
panda).'

하지만 2005년의 유튜브는 인터넷으로 볼 수 있는 AFV였을 뿐
이다. 1990년대를 기억하는 세대들은 "AFV는 90년대의 유튜브"라고
할 만큼 AFV는 일반인이 제작한 영상이 대중화되는 초기 모델을 제
공했다.

유튜브 설립 초기에 대중들에게 알려지고 바이럴이 일어난 영상
들은 생활 속의 꾸밈없는 장면인 경우가 대부분이다. '찰리가 내 손가
락을 물었어(2007)'는 55초, '드라마틱 룩(2007)'은 5초, '재채기하는
판다(2006)'는 18초, '치과에 다녀온 데이빗(2009)'은 1분 58초로 대부
분 짧고 일상 속에서 우연히 찍은 영상들이다.

왼쪽 위부터 시계방향으로 '키보드 고양이(Keyboard cat),' '엔드 오브 지 월드(End of Ze World),' '오바마 걸(Obama girl)', '초콜릿 비(Chocolate rain).'

위의 바이럴 영상들 중에 5초짜리 '드라마틱 룩'은 일본 방송에 등장한 장면을 편집한 것으로 바인이나 틱톡 같은 숏폼 영상 플랫폼에도 잘 맞았을 법하다. 이처럼 초기 유튜브는 훗날 하나의 독립된 카테고리로 특화, 발전하게 될 영상들이 구분없이 모여 있었다.

이 영상들 중에는 비록 저렴한 장비와 부족한 솜씨이기는 해도 인기를 염두에 두고 기획된 영상들도 있었다. 가령 단순하고 중독성있는 멜로디와 재미있는 영상 연출이 돋보이는 '키보드 고양이(2007)'는 지금이라면 틱톡에서 인기를 끌었을 영상이다. '엔드 오브 지 월드(2006)'는 WTF[8]이라는 말을 일상적으로 유행시킨 장본인으로 재미

있는 말솜씨와 어설픈 애니메이션의 조합이라는 새로운 장르를 폭발시켰다.

그 외에도 '초콜릿 비(2007),' '오바마 걸(2007)' 같은 바이럴 영상들 역시 의도적으로 기획된 것으로 이후 유튜브가 어떤 방향으로 진화, 발전할지 보여주는 좋은 예다.

유튜브의 방향을 바꾼 2012년

재미있는 영상을 모아 두기만 했던 유튜브가 본격적으로 미래 전략을 설계, 적용하기 시작한 것은 2011년부터다. 그해 4월에 '유튜브 라이브'를 런칭하면서 스포츠 게임이나 콘서트 같은 영상을 실시간으로 볼 수 있게 됐고 5월에는 영화나 TV프로그램을 '빌려서' 볼 수 있는 렌탈 사업을, 10월에는 1억 달러를 들여 스타 및 유명 브랜드와 파트너를 맺으며 오리지널 채널을 선보였다.

물론 유튜브는 2009년에 이미 대형 미디어사인 비벤디와의 합작을 통해 비보(Vevo)라는 뮤직비디오 서비스를 설립하고 유튜브를 통해 뮤지션들의 신곡을 선보이는 사업을 시작했다. 하지만 2011년에 순차적으로 런칭한 서비스들은 유튜브가 단순한 영상 저장소에서 벗어나 미디어 기업으로서 새로운 자리매김을 하려던 시도로 볼 수 있다.

---

8. What The Fuck 의 줄임말.

2011년 새로운 시도들의 공통점은 유튜브가 스스로의 정체성을 찾기 위해 전통적인 미디어 모델들을 도입했다는 점이다. 물론 현재까지 계속되는 서비스들이라는 점에서 지금의 유튜브를 형성하는 요소들임에는 의심할 여지가 없지만 영상 렌탈과 라이브, 오리지널 영상 등이 유튜브의 정체성을 결정했다고 말하기는 힘들다. 굳이 비유하자면 아직 자아가 형성되지 못한 청소년기의 시도에 가깝다.

유튜브가 지금 우리가 아는 모습으로 거듭나게 된 해는 2012년이다. 이 해에 무슨 일이 일어났는지 설명하기 위해 잠시 2010년으로 거슬러 올라갈 필요가 있다. 2010년 인공지능 전문가인 프로그래머 기욤 샬로가 구글에 합류해서 유튜브 알고리듬을 만들기 시작했다. 당시만 해도 유튜브는 에디터들이 직접 영상을 선별해서 추천하는 방식으로 운영되고 있었다. 그러나 폭발적으로 증가하는 영상들을 감당할 수 없어서 영상 추천 엔진을 개발하기로 한 것이다.

추천 엔진 개발과정에서 샬로 팀은 중요한 사실을 발견했다. 특정 영상의 조회수보다 더 중요한 것은 그 영상의 시청시간이라는 사실이다. 예를 들어 동일한 길이의 두 영상이 있는데 하나는 조회수가 많지만 시청시간이 짧은 반면, 다른 하나는 조회수는 적어도 끝까지 본 사람들이 많았다. 이 경우 후자의 영상이 더 중요한데 그 이유는 시청자들을 몰입시키기 때문이다. 이들은 '낚시성' 영상을 클릭한 시청자들에 비해 만족감이 훨씬 더 높았다.

당시만 해도 유튜브에서 특정 영상(가령 유명한 사고 영상)이 바이

구글에서 유튜브 영상추천 알고리듬을 개발한 기욤 샬로. TED 유튜브 영상 캡처.

럴 되면 각종 채널에서 그 영상의 썸네일을 내세워서 클릭을 유도하는 일이 아주 흔했다. 사용자들은 무수히 많은 썸네일 중에서 어떤 것이 진짜 영상인지 알 수 없어 닥치는 대로 클릭했다. 그 과정에서 썸네일에 사고 화면을 내걸고 낚시질을 하는 가짜 영상, 전문 유튜버의 코멘트 영상들이 조회수를 긁어모았다. 그런데 조회수를 추천 기준으로 삼은 알고리듬은 진짜와 가짜를 구분하지 못해서 가짜 영상을 상단에 노출하곤 했다.

이 사실을 발견한 개발팀은 업로드하는 영상을 추천하는 알고리듬에 '시청 시간'이라는 요소를 반영했다. 새롭게 알고리듬이 바뀐 날짜가 2012년 3월 15일인데 당시 유튜버들은 이 날을 아이즈 오브 마치(Ides of March)[9]라고 불렀다. 인기 유튜브 영상들의 도달과 조회수가 20% 가까이 폭락하면서 광고 수익이 크게 줄어들었기 때문이다.

클릭 장사를 하던 유튜버들은 분노했지만 일반 시청자들에게는

9. 로마 달력에서 3월 15일을 가리키는 말이지만, 흔히 줄리어스 시저가 살해된 날을 가리키는 말로 사용된다.

희소식이었고 무엇보다 유튜브에 유리한 조치였다. 두 달 만에 유튜브의 평균 시청 시간이 4배나 상승했기 때문이다.

이 변화가 유튜브에 중요한 이유는 영상이 길수록 광고를 삽입할 수 있는 곳이 많아지기 때문이다. 5초짜리 '드라마틱 룩'이나 18초짜리 '재채기하는 판다'에 광고를 넣는 건 불가능하다. 하지만 20분짜리 영상이라면 얘기가 다르다. 특히 그렇게 긴 시간 동안 영상에 몰입하는 시청자라면 광고가 나와도 영상을 떠나지 않을 가능성이 훨씬 높아진다.

이런 알고리듬 변화가 도입된 이후로 현재까지 유튜브의 평균 시청 시간은 꾸준히 상승했다. 몰입력이 강한 영상의 도달율을 높이려던 목표와 광고 수익이라는 이익이 일치했기 때문에 유튜브가 계속해서 시청 시간 늘이기를 추구하는 건 당연했다.

게다가 처음에 반발했던 유튜버들도 생각이 바뀌기 시작했다. 영상이 길수록 중간광고를 많이 넣을 수 있고 몰입된 시청자들이 영상을 잘 떠나지 않아 자신에게 돌아오는 광고수익이 크게 늘어났기 때문이다.

2019년 퓨리서치에서 발표한 조사에 따르면 유튜브 상위 25만 개 채널의 평균 영상 길이는 13분이 넘는다. 물론 평균이 그렇다는 것일 뿐 30분짜리 영상도 쉽게 볼 수 있는 세상이 되었다. 유튜브 초창기의 바이럴 영상 중 가장 길었던 '댄스의 진화(Evolution of Dance, 2006)'가 6분이었던 것에 비하면 확연하게 달라진 셈이다. 그리고 그 뒤에는 광고라는 유튜브의 비즈니스 모델이 존재한다.

유튜브가 떠난 자리를 차지한 숏폼 서비스들

물리학에 '자연은 진공을 허용하지 않는다'는 개념이 있다. 아리스토텔레스의 말로 알려진 이 문장의 의미는 '자연은 빈 공간을 허용하지 않기 때문에 어떤 물질로라도 그 공간을 채운다'는 것이다.

2012년 3월에 유튜브가 알고리듬을 바꾸면서 길이가 길고 흡입력 있는 영상에 도달과 추천 가산점이 붙었다. 광고 수익이 목표인 인기 유튜버와 채널들은 일제히 긴 영상으로 옮겨갔다. 그러자 짧은 영상 시장에 공백이 발생했다.

그 틈을 놓칠세라 바인(VINE)이 뛰어들었다. 바인이 만들어진 것은 2012년 6월로 유튜브의 시청시간이 크게 증가한 직후였다. 고작 7초를 넘지 않는 극도의 짧은 영상으로 차별화한 바인은 서비스를 런칭하기도 전에 트위터에 인수되었다. 2013년 초에 바인은 서비스를 공식 런칭하면서 큰 인기를 끌었다. 2년 만인 2015년 12월에는 활성 사용자가 2억 명을 돌파하는 기염을 토했다.

이렇게 큰 인기를 끌던 바인은 시작한지 4년 만인 2017년 1월에 서비스를 중단했다. 그 이유는 아이러니하게도 짧은 영상 시장의 붐 때문이었다. 뮤지컬리[10]가 2014년 여름에 출시되어 10대들 사이에 큰 사랑을 받았다. 2012년에 페이스북에 인수된 인스타그램은 2013년에

6초라는 극도록 짧은 영상으로 인기를 끌었던 바인(Vine)은 4년 만에 서비스를 종료했다.

15초짜리 짧은 영상을 공유하는 기능을 선보였고 2016년 말에는 스냅챗 스토리 기능을 그대로 가져온 '인스타그램 스토리'를 출시했다. 짧은 영상 시장의 대격돌이 시작된 것이다.

하지만 바인이 실패한 가장 중요한 이유는 따로 있었다.[11] 바로 수익화의 어려움이었다.

우선 바인은 극도로 짧은 6초짜리 영상을 지나치게 오랫동안 고수했다. 많은 크리에이터들이 공통적으로 지적하는 것은 "짧게 만들려면 시간이 많이 든다"는 것이다. 몇 초짜리 임팩트 강한 영상을 뽑아내려면 완벽한 순간을 포착하거나 편집에 많은 시간을 들여야 한다. 재미있는 10분 짜리 유튜브 영상을 만드는 것보다 재미있는 6초짜리 바인 영상을 만들어 내는 것이 훨씬 더 많은 시간과 노력을 잡

---

10. 중국의 바이트댄스에 인수되어 지금은 틱톡으로 바뀌었다.
11. 유튜브가 짧은 영상 시장을 버리고 이동한 것과 같은 이유다.

아먹는다.

그런 노력의 결과물인 6초짜리 영상에는 광고를 붙일 만한 여지가 존재하지 않는다. 바인은 다양한 길이의 영상을 시도하면서 수익화를 실험해야 했지만 한 전문가의 말을 빌면 "네트워크 효과를 내면서 초고속 성장을 하는 스타트업들이 종종 그렇듯" 수익화보다 성장에 집중했다. 바인은 시장에 다른 서비스들이 밀려들면서 더 이상 성장이 힘들어지자 서비스를 지속해야 할 이유가 없어졌다.

전혀 다른 수익모델

2020년 초 유튜브는 짧은 동영상 서비스 기능인 '쇼츠(Shorts)'의 출시를 준비 중이라고 발표했고 9월 중순에 인도 시장에서 런칭했다. 유튜브의 새로운 서비스[12]가 중국 기업 바이트댄스의 동영상 공유앱 틱톡의 대항마라는 사실을 모르는 사람은 없다.[13]

유튜브 쇼츠는 틱톡과 똑같이 최대 15초 길이의 세로 영상을 업로드할 수 있다. 전형적인 '따라하기' 상품이다. 2012년에 유튜브는 짧은 영상물 시장을 포기했는데 왜 2020년에는 틱톡을 고스란히 베껴서 복귀했을까. 그 이유는 유튜브가 하지 못한 짧은 영상의 수익모델을, 틱톡이 찾아냈기 때문이다. 바로 e커머스, 전자상거래다.

앞서 설명한 것처럼 유튜브가 짧은 영상을 버리고 긴 영상으로 관심을 옮긴 것은 유튜브의 가장 핵심적인 수익모델이 광고이기 때문이

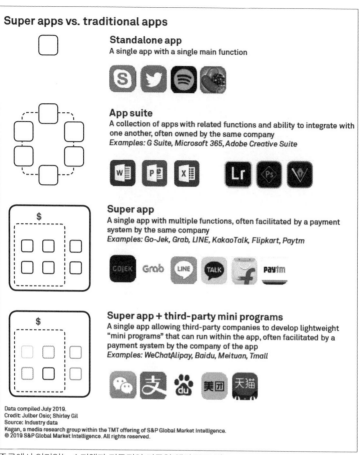

중국에서 인기있는 슈퍼앱과 전통적인 미국형 앱의 구조 비교.

---

12. 별도의 앱이 아닌 유튜브 앱 안에서 작동하기 때문에 별개의 서비스라기 보다는 기능이라고 보는 것이 적절해 보인다.

13. 유튜브가 왜 인도시장에서 먼저 공개했는지 살펴볼 필요가 있다. 틱톡이 중국 외의 지역에서 가장 빠르게 성장하고 있던 시장이 인도인데, 최근 중국과의 국경분쟁 등으로 인도에서 서비스가 금지됐다. 틱톡의 인기와 시장규모, 그리고 금지된 시점을 고려할 때 틱톡의 경쟁 서비스라면 인도는 제일 먼저 노려야 하는 시장이었다. 인도와 더불어 파키스탄도 틱톡을 금지시켰다.

다. 구글은 2008년 더블클릭을 인수한 이후 온라인에서 광고 수익을 극대화할 수 있는 모델을 만들었고 유튜브에서도 광고모델이 가장 적절하고 효과적인 수익모델이라고 판단했다. 그러나 짧은 영상에서는 구글의 광고모델은 가치가 떨어진다.

구글이 이런 결론을 내린 배경에는 미국 시장의 문화가 중요한 요인일 수도 있다. 미국은 각 앱의 영역과 기능이 철저하게 나눠져 있고, 전자상거래가 아마존처럼 별도 서비스로 독립되어 있다.

그러나 중국 시장은 미국과 전혀 달라서 여러 기능을 한 곳에서 수행하는 슈퍼앱이 보편화된 시장이다. 더 나아가 그 슈퍼앱 내에서 미니 프로그램이 돌아가며 다른 기업이 자리를 잡을 수 있는 복합적 수익모델들이 활발하게 시도되기도 한다.

틱톡의 모회사인 중국의 바이트댄스는 틱톡의 중국 버전인 더우인에서 이런 다양한 실험으로 큰 성공을 거두었다. 더우인은 전형적인 슈퍼앱으로서 가상 쇼핑몰 미니 프로그램을 장착하고 브랜드가 소비자와 직접 만날 수 있는 브랜드존을 갖추었다. 또한 사용자가 즐겨보는 비디오를 기반으로 한 제품 추천 기능까지 제공한다. 더우인은 어디까지가 동영상 플랫폼이고 어디까지가 전자상거래 플랫폼인지 구분하기 힘들 만큼 최적화된 미디어 커머스를 자랑한다.

이런 뛰어난 기능은 중국 버전인 더우인에서만 사용될 뿐 틱톡에서는 사용되지 않고 있다. 올해 트럼프 행정부가 틱톡에 대해 미국 내 사용금지 행정명령을 내렸고 그로 인해 촉발된 '틱톡 드라마'에서 오

유튜브가 지난 9월 인도 시장에서 첫 선을 보인 서비스 '쇼츠(Shorts)'.

라클과 마이크로소프트가 인수 경쟁을 벌였지만 더욱 간절하게 지분 참여를 원한 기업은 월마트였다.

월마트는 아마존에 비해 매출 규모가 월등하게 앞서지만 온라인 상거래에서 뒤쳐져 기업가치가 저평가되었다. 월마트로서는 더우인과 같은 동영상 기반 전자상거래가 젊은 고객들에게 접근할 수 있는 절호의 기회가 아닐 수 없다.[14]

구글은 이미 안드로이드라는 모바일 플랫폼과 유튜브라는 최고

14. 해당 정보는 2020년 10월 중순을 기준으로 한 정보다. 틱톡의 인수전은 다양한 변수로 최종 결론이 언제 날지 아직 미정이다.

인기의 동영상 앱을 구축한 마당에 더우인의 모델을 다른 기업들이 선점하게 놔둘 리 만무하다. 게다가 트럼프의 대중 무역 전쟁과 인도-중국의 분쟁 과정에서 바이트댄스의 해외시장 전략이 주춤하고 있으니 이 시점이 유튜브로서는 빈 공간을 점유할 수 있는 절호의 기회일 수밖에 없다.

물론 유튜브가 당장 더우인과 같은 동영상 기반 전자상거래를 시작할 것으로 보이지는 않는다. 그 단계까지 가려면 먼저 충분한 검증이 이뤄져야 하고 무엇보다 이 서비스가 대중적인 인기를 끄는 것이 우선이다.[15] 하지만 승산은 충분하다. 미국 시장만 보면 유튜브의 월간 사용자는 2억 명이 넘는다. 틱톡 사용자는 3,700만 명에 불과하다. 게다가 인기있는 유튜브 크리에이터 숫자와 그들의 팔로워 규모는 틱톡의 셀럽과 비교도 안되게 거대하다. 그들을 성공적으로 쇼츠에 유입시킬 수만 있다면 유튜브가 2012년 이후 떠나 있었던 짧은 영상물 시장의 재진출이 순조롭게 진행될 것이다.

유튜브에게 2020년은 미국과 인도라는 거대한 시장을 노리던 바이트 댄스의 성장에 제동이 걸렸을 뿐만 아니라 바이트댄스가 확인해 준 플랫폼 운영과 수익모델을 통해 짧은 영상물 시장에 재진출할 수 있는 가능성이 열렸다는 점에서 행운의 해였다. 물론 미국 기업의 틱톡 인수가 순조롭게 진행될 경우 틱톡의 미국 내 사업은 계속될 것이다. 문제는 첨단기술의 해외판매를 금지한 중국의 입법으로 틱톡의 '시크릿 소스'인 AI 기반 추천 알고리듬이 미국 법인에 포함될지는 미지수라는 점이다. 최악의 경우 틱톡은 미국 시장에서 차포 떼고 쇼츠와 대결해야 할지 모른다. 이 또한 유튜브에게 절호의 기회다.[16]

트럼프 이후의 미국 정책들이 대개 그렇듯 미국 기업의 틱톡 인수 문제도 흐지부지될 가능성이 높아지고 있다. 이 글을 쓰는 현재 오라클은 마이크로소프트를 제치고 인수기업으로 선정되었지만 대통령 선거와 개표 시비에 정신이 팔린 백악관이 결정을 미루고 있어 이 문제는 방치된 채 공중에 붕 뜬 상황이다. 강제 매각은 피한 듯하지만 바이든 정권으로 바뀌더라도 미국 정부의 눈치를 봐야 하는 틱톡이 앞으로 미국 시장에서 공격적으로 새로운 사업 영역을 개척할 수 있을지는 현재로서는 미지수다.

유튜브의 쇼츠는 아직 미국 시장에 풀리지 않았고 틱톡이 트럼프의 제재를 받느라 몸을 사리는 동안 이번에는 트릴러(Triller)라는 짧은 동영상 서비스가 움직이기 시작했다. 사실상 틱톡의 미국 버전이라 할 수 있는 트릴러는 아직까지는 유튜브나 틱톡과는 비교하기 힘들지만 지금이 미국 시장에서 세력을 확장할 수 있는 절호의 기회라 생각한다. 트릴러는 틱톡 스타인 찰리 다멜리오에게 자사의 플랫폼에 영상을 올리게 하는 등 공격적인 마케팅을 펼치고 있다.

이 시장 다툼에서 어느 쪽이 승자로 결정날지는 알 수 없다. 분명

---

15. 게다가 구글의 소셜미디어 진출 시도의 역사는 실패 사례로 가득하다.
16. 게다가 그렇게 여유가 생긴다면 근래 들어 기존의 크리에이터에게 팔로워가 몰리면서 새로운 크리에이터가 진입하기 힘들어 졌다는 평가를 받는 유튜브로서는 쇼츠 플랫폼에서 새로운 크리에이터 생태계를 실험해 볼 수도 있다.

한 사실은 짧은 동영상 시장은 틱톡이 만들어낸 것이 아니기에 틱톡이 아니라도 다른 기업들이 그 빈 공간을 채우게 될, 영상시장의 주요 영역이라는 사실이다.

Long & Short: 두 시장 전략

유튜브 설립 초기만 해도 지도가 없는 땅이었던 온라인 영상 시장은 15년이 지나면서 윤곽이 제법 뚜렷해졌다. 그 윤곽은 첫째, 플랫폼 위에서 사용자와 크리에이터의 행동과 선호에 대한 데이터다. 둘째, 그 데이타를 기반으로 한 플랫폼 운영전략과 수익모델이다. 그리고 긴 영상과 짧은 영상이라는 두 영역은 각각 유튜브의 광고모델과 바이트댄스의 전자상거래 모델의 성공으로 비즈니스 모델까지 충분히 검증된 셈이다.

코니 챈과 에이버리 시걸은 '전자상거래의 미래는 비디오 퍼스트(The Video-First Future of Ecommerce)'라는 기사를 통해 중국에서 인기를 끌고 있는 짧은 동영상이 전자상거래에 얼마나 최적화되어 있는지 소개한다.[17]

농장과 과수원에서 농부가 라이브로 방송하면서 시청자들에게 농산물을 직거래하는 모습, 인플루언서가 15초 동안 10개의 서로 다른 옷을 선보이며 판매하는 모습, 사람들에게 구매 충동을 일으키는 제품의 언박싱 비디오에 연결된 구매 링크, 음식조리 법을 보여주면서

전자상거래에 적합한 짧은 영상들.

동시에 관련 제품을 파는 모습 등이 그런 예다.

결국 이 모든 것들이 새로 선보인 쇼츠의 인기가 충분히 무르익었다고 생각할 시점에 유튜브가 꺼낼 무기이고, 월마트가 미국 시장에서 틱톡을 통해 선보이게 될 서비스인 것이다. 하지만 그 성공 여부를 확인하는 데는 시간이 오래 걸리지 않을 것이다. 2021년이 바로 그런 한 해가 될 가능성이 높다.

17. Connie Chan, Avery Segal, 'The Video-First Future of Ecommerce,' Andreessen Horowitz, https://a16z.com/2019/12/05/video-first-ecommerce/

2021 유튜브 트렌드
키워드 8

**새로운 패러다임을 만들어가는 공간, 실시간으로 소통하고
함께 커뮤니티를 만들어 가는 공간. 사람들은 이제 유튜브 유니버스에서
살아가고 있다. 이를 대표하는 8개의 키워드를 소개한다.**

2021년의 유튜브 키워드를 뽑으면서 우리는 실시간으로 소통하고 함께 행동하는 사람들의 모습을 유튜브라는 디지털 세계에서 발견했다. 온라인이라는 공간은 더 이상 제약이 아니다. 오히려 다양한 연결 형식들이 시도되고 있었다. 2021년은 더욱 확장된 디지털 시대를 맞게 될 것이고 그 중심에는 유튜브가 있을 것이다.

2021
YouTube Trend
Keywords

01
Keyword 1
Reset : 패러다임의 재설정

▶▷ 판이 새롭게 짜여지고 있다. 패러다임의 전환이 이루어지는 시기다. 팬데믹으로 인해 디지털 혁신의 가속페달이 더 빨리 돌아간다. 관점의 변화가 요구되는 시기이기도 하다. 초연결 시대임에도 역설적으로 탈세계화가 이루어지고 있다. 이러한 변화들을 바탕으로 2021년에는 이제껏 우리가 기준이라고 여겼던 것들이 희미해지고 새로운 사회문화와 기술이 급속히 그 자리를 채워 나갈 것이다.

주린이, 부린이라는 단어를 들어 보았는지. 요즘 유튜브를 보면 많은 개인 방송들이 재테크와 주식에 대해 다룬다. 영혼까지 끌어모아 집을 사고 동학 개미 운동이라고 이름 붙여질 정도로 주식 열풍이 불고 이를 통해 상승을 꿈꾼다. 주식과 재테크가 모두의 일상이 된 요즘, 2020년 주식시장에서 가장 큰 이슈가 된 주식은 테슬라와 줌이었다.

이들 회사의 가치가 올라가는 것이 심상치 않다. 마치 닷컴 시대에 새로운 산업이 떠오르는 것처럼 현재 이들이 새로운 산업을 견인하고 있다. 그 이유는 이 기업들이 기존의 패러다임을 바꿔가고 있기 때문이다.

전기자동차 시장의 아이콘이라고 할 수 있는 테슬라의 주가는 양적완화와 맞물려 주식시장에서 깜짝 놀랄만한 상승 곡선을 그려냈다. 그만큼 이 기업에 기대를 하고 미래를 주도할 것이라고 예측하는 사람이 많다는 의미다. 테슬라 자동차를 탄 한 운

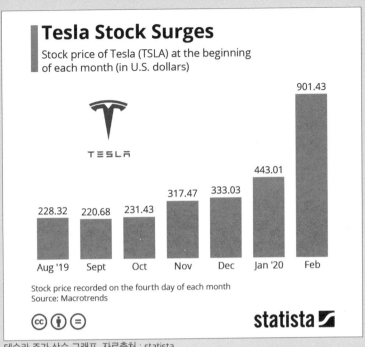

테슬라 주가 상승 그래프. 자료출처 : statista

전자의 소감이 이 열풍을 대변한다.

"아이폰을 처음 사용했을 때의 충격이 1이라면 테슬라 자동차를 처음 탔을 때의 충격은 100이다."

지금까지 기술과 디자인을 언급할 때 '아이폰'을 예로 들었다면 앞으로는 그 자리가 '테슬라'로 대체되지 않을까 싶은 대목이다. 테슬라 회사의 주가는 출렁일 수 있지만 적어도 자동차 시장을 새롭게 정의한 것만큼은 누구도 부인할 수 없을 것이다.

어느 누구도 자율주행 자동차가 대세가 될 것이라는 데 이의를 제기할 사람은 없다. 코로나 팬데믹으로 화상회의 서비스 수요가 늘면서 줌의 실적은 2020년 2분기에 전년 대비 355% 증가한 6.7억 달러의 매출을 보였다. 영업이익률도 28% 증가한 상황이다.

"온라인 화상회의하자."는 말과 "우리 줌할래?"라는 말이 같은 의미일 정도로 줌은 조직문화와 커뮤니케이션 문화를 리셋시켰다. 이제 사람들은 더이상 대면 회의와 미팅을 고집하지 않는다. 재택근무 시에도 업무 생산성에 차이가 나지 않는다는 발표가 나오기도 했다. 줌은 바뀌어 버린 우리의 생활 방식을 가능하게 해주는 화상 솔루션을 제공하고 있기에 그만큼의 가치가 오른 것이다.

공연 문화계의 패러다임 또한 완전히 새롭게 정립되고 있다. 2021년에는 새로운 형식의 온라인 라이브 공연이 우리의 문화생활을 채울 것이다.

사람들과 대면할 수 없다 보니 생소한 '무관중' 공연이나 녹화방송으로 현장감이 떨어지는 상황. 하지만 기술 접목을 통해 참여의 놀이 문화를 바꿔가고 있다. BTS의 '방방콘'과 SM의 'Beyond Live' 등 공연 양식을 새롭게 모색하는 실험은 물론, '트롯신이 떴다'와 '백파더' 등 예능방송에서 화상채팅 솔루션을 활용하는 사례도 점차 늘고 있다.

나훈아쇼에는 세계 각지의 교민을 포함해 국내외 다양한 연령대의 시청자 1,000여 명이 화상 라이브로 공연을 보며 환호했다. BTS의 '방방콘'은 코로나19로 잠정 연기된 월드 투어를 대신한 온라인 유료 라이브 콘서트이다. 90분 간 공연이 진행되는 동안 동시 접속자 수는 75만, 콘서트 수익은 260억 원이나 되었다. 공연 직후 유튜브와 인스타그램에는 '방방콘' 리액션 영상들이 대거 업로드되었다.

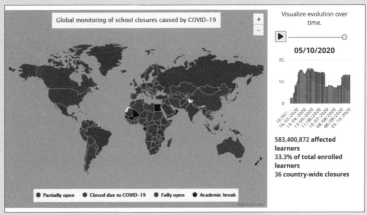

유네스코에서 매일 실시간으로 표시하고 있는, 코로나19로 인한 글로벌 학교 운영 상황.
(https://en.unesco.org/covid19/educationresponse)

SM에서는 'Beyond Live'로 슈퍼엠, 동방신기, 슈퍼주니어 등이 2주간 온라인 콘서트를 열었다. 동시 접속자만 12만 3,000명이었다.

이러한 온라인 콘서트는 최첨단 AR 기술과 수십만 명의 동시접속 기술 등이 뒷받침되어 진행될 수 있었다. 새로운 공연문화는 코로나19 이후에도 지속적으로 확장될 것이다.

패러다임의 재설정은 일부 영역에만 국한된 현상이 아니다. 등교와 대면 출석을 기본으로 했던 전통 교육은 팬데믹 이후 '교육의 연속성'이 더 중요하다는 인식과 함께 대면/비대면은 방법론의 차이일 뿐이라는 각성을 하게 됐다.

비대면 환경에서도 화상채팅 솔루션을 통해 수업을 진행하는 장면이 자연스런 일상이 되었다. 물론 과도기적 혼란은 불가피하다. 출결 관리와 수업, 무엇보다 직접 소통에 대한 답답함이 누적되고 있기도 하다. 이에 따른 보완적 노력으로 줌은 최근 Class for Zoom이라는 수업 관리 도구를 강화한 서비스를 내놓기도 했다.

생존의 문제가 걸린 리셋이다보니 일부는 당장 실행할 수 있는 현실적이고 구체적인 대응책에 대한 갈증과 주문을 던지기도 한다. 원칙은 중장기적인 전략적 접근이 필요하지만 이럴 때는 결국 적절한 타협책으로 '빠르게 시행착오를 겪고 교훈을 얻기'를 권하기도 한다.

미디어 또한 새롭게 리셋되고 있다. 유튜브는 그 자체로 커다란 미디어가 되어 다양한 콘텐츠와 유행의 거점이 되어가고 있다.

이렇듯 팬데믹은 사회 문화 전반의 리셋을 요구하고 있으며 2021년에는 디지털 혁신을 통해 가속화될 전망이다.

02

Keyword 2
Streaming : 실시간이라는 상품

▶▷　웬만한 것들은 이제 실시간으로 흘러 다닌다. 마치 상하수도 시스템에 수도꼭지를 연결하면 물을 마음껏 마실 수 있듯이 음악과 영상이 흐르는 네트워크에 언제든 실시간으로 접속하면 원하는 대로 소비할 수 있다.

더 이상 사람들은 저장하지 않는다. 접속하면 바로 볼 수 있기 때문이다. 스트리밍 시장은 상품의 구성도 바꾸었다. 좋은 음악이나 영화를 평생 소장하기 위해 구입한다는 개념은 점점 사라진다. 나만의 관심 리스트에 넣어두고 언제든 재생해서 즐기면 되기 때문이다.

사람들은 하루종일 스트리밍 서비스에 접속해 음악을 틀어 놓고 생활한다. 음악의 종류도 원하는 대로 수십만 곡을 선택해서 들을 수 있다.

뉴욕타임스에서 TV편성표가 빠지고 넷플릭스는 글로벌 안방극장의 위치를 차지했다. 넷플릭스 이용이 폭주하자 제한된 인터넷 망에 미치는 영향을 고려해 화질을 낮추자는 논의가 국가 단위로 제기될 정도다. 스트리밍 시대로의 전환은 이미 시작되고 있지만 더욱 본격적으로 가속화될 것이다.

스트리밍과 함께 연결되는 것이 라이브 방송이다. 실시간 라이브 방송은 커뮤니케이션을 극대화 시킨다. 댓글창을 보며 소통하던 MBC의 <마이 리틀 텔레비전>을 기억하는지. 그때까지는 방송에서 실시간 소통의 장면이 생경하고 어색함이 많았다

예고된 방송을
기다려서 봐야하는
시대가 저물었다.
뉴욕타임즈는
2020년 8월 30일자를
끝으로 신문에서
TV편성표를 뺐다.

The TV listings no longer reflect the way most viewers watch television, which has become a landscape of digital streaming services that aren't bound by time slots. The New York Times

면, 이제는 쉽게 접할 수 있는 풍경이 되었다.

많은 유튜버들이 구독자들과 소통하기 위해 정기적인 라이브 방송을 진행한다. 실시간 소통은 커뮤니케이션의 신뢰도를 높여 주기에 앞으로 더욱 확장될 전망이다.

스트리밍 시장은 커머스 시장의 형태도 바꿔 놓았다. 스트리밍 기반의 라이브 방송은 TV 홈쇼핑에서 온라인으로 넘어왔다. 이제 누구나 자신의 제품을 직접 방송하면서 판매할 수 있다. 아마존은 진작부터 프라임 비디오를 통해 이용자와의 거리를 바짝 좁히고 상거래 서비스의 성장 토대를 넓혔다. 네이버도 실시간 '라방(라이브 방송)'으로 커머스를 견인하고 있다. 물론 유튜브 또한 라이브 커머스를 겨냥한 서비스를 선보이고 있는 중이다.

03

Keyword 3

Subscription : 내 입맛대로 구독경제

▶▷ 당신이 구독 중인 서비스를 리스트업 해보라. 생각보다 다양하고 많아서 놀랄 것이다. 적어도 구독 서비스가 크게 증가하고 있는 추세를 실감할 것이다. '소유의 종말'과 '접속의 시대'를 직접 만지듯 느끼게 해주는 매개체가 바로 구독 서비스다.

심지어 미국에선 방 탈출 게임을 구독 서비스로 탈바꿈시킨 '헌트 어 킬러' (Hunt a killer)가 인기를 얻고 있다. 월 30달러를 내고 구독하면 여섯 달 동안 범인을 추리할 수 있는 힌트가 담긴 상자를 매달 보내 주는 식이다. 놀이 문화가 구독 모델을 만나 꽃을 피운 셈이다.

언젠가부터 이메일 마케팅도 다시 활성화되기 시작했다. 정보의 과잉은 정제된 정보를 구독하고 싶은 욕구를 낳았다. 이미 오프라인 잡지 시장이 몰락한 상황에서 그 대안으로 자신의 취향에 맞는 뉴스레터를 구독하기 시작한 것이다. 이는 유/무료

헌트어킬러 홈페이지.

구독 모델과 결합하면서 더욱 확산될 전망이다.

구독 행위는 그 사람의 성격과 성향을 드러내 주는데, 젊은 층에서는 자신의 '유튜브 구독 리스트'가 사생활처럼 공개하기 꺼려지는 소중한 자산이 되고 있다. 일부에선 벌써 구독피로감을 거론하기도 하지만 아직은 확산세가 지속되는 '구독'의 흐름 속에서 새로운 기회를 엿보는 이가 더 많아 보인다.

04

Keyword 4
Algorithm : 갓갓 알고리듬

▶▷ "유튜브 알고리듬이 나를 여기로 이끌었다, 이게 무슨 뜻인가요?" 어느 방송국 연예정보 프로그램의 작가가 <유튜브 트렌드 2020> 책을 보고 전화로 던진 질문이다. 이 말은 실제로 유튜브 댓글에서 쉽게 찾아볼 수 있는 표현으로 자신의 유튜브에서 생각도 못했던 '독특한' 콘텐츠를 접했을 때 이런 반응이 많이 나온다.

유튜브에서 추천해 주는 콘텐츠는 개인마다 모두 다르다. 알고리듬 때문이다.

유튜브를 통해 이용자들과 만나고 싶은 창작자 혹은 마케터 입장에서는 이러한 유튜브의 추천 방식, 즉 알고리듬의 작동 원리를 알아야 운영 성과를 올리기 좋다. 크리에이터들은 '유튜브 최적화'를 위해 콘텐츠 자체는 물론, 썸네일과 설명 글을 포함해 제작과 운영 과정에서 다양한 요소들을 유튜브 알고리듬 입맛에 맞추려 노력하고 있다.

보이지 않는 신적 존재 같은 유튜브 알고리듬에 대한 사회적 관심은 계속 높아지고 있다. 더불어 '알고리듬의 상업성 및 객관성과 편향성'에 대한 논란이 2021년에는 더욱 거세질 전망이다.

이 문제와 관련해서 넷플릭스의 다큐멘터리 '소셜 딜레마(Social Dilemma)'가 지속적으로 반향을 일으키고 있다. 유튜브 엔지니어 출신의 기욤 살로는 "추천 영역에서

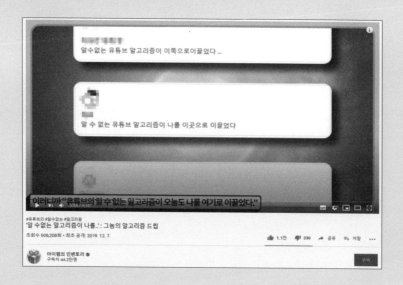

내가 작업한 알고리듬이 사회의 분극화를 더 심하게 만들고 있다"면서 "분극화는 사람들을 잡아 두는데 매우 효과적이고 알고리듬은 사람들의 시선을 끌만한 것을 추천하는 게 우선이다"고 폭로했다.

이용자 입장에서는 유튜브가 알고리듬을 통해 오락적 재미가 있거나 관심가는 정보를 추천해 주는, 즉 서비스 만족도 제고를 위해 애쓰는 것으로 생각할 수 있다. 실제 유튜브와 페이스북 등 다수의 플랫폼들은 그런 긍정적 취지와 역할을 강변하고 있다. 하지만 반론을 제기하는 이들은 사회적 위험을 경고하고 있다. 데이터 사이언티스트 캐씨 오닐은 위 다큐에서 이렇게 말한다.

"알고리듬은 코드에 내재한 의견이라고 본다. 전혀 객관적이지 않다. 그 플랫폼과 기업의 상업적 성공에 최적화돼 있다"

다시 말해 알고리듬은 사람들을 플랫폼에 오래 머물게 하기 위해 부지런히 일하며 그 일은 결과적으로 해당 플랫폼 기업과 더 나아가 광고주에게 복무하는 것이란 주장이다. 트위터에서 가짜 뉴스가 진짜 뉴스보다 6배가량 더 빨리 확산된다는 MIT 연구결과도 언급된다.

알고리듬의 객관성과 편향성을 둘러싼 논란도 뜨거워지고 있다. 기계적 편집을 수행 중인 포털의 뉴스 서비스를 둘러싼 논쟁들이 그 사례이기도 하다. 최근 한국언론

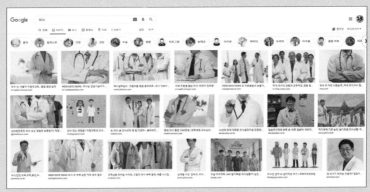
구글에서 '의사'를 검색했을 때 나오는 검색 이미지들.

재단의 오세욱 박사가 쓴 '알고리듬의 편향성과 저널리즘의 역할에 대한 모색'이란 논문에 몇 가지 구체적 예시가 나온다.

구글에서 '의사'와 '간호사'를 검색하면 의사는 남성이 다수, 간호사는 여성이 절대다수로 제시된다. 젠더 편향의 예시다. 그냥 편향이 아니다. 기술의 자동화로 학습 데이터에 따른 결과물이 편향성을 드러낸 사례다. 우버와 에어비앤비에서도 흑인 이름처럼 보이면 예약이 취소되거나 비용이 높게 책정되는 등 자동화된 결과물에서 인종 편향이 나타났다는 연구 결과도 담겨있다.

네이버에 어느 언론사의 단독 특종 보도가 세 개의 꼭지로 게시됐다. 그런데 이를 베껴서 하나의 종합 기사로 전송한 다른 언론사의 기사가 상단에 대표 기사로 먼저 노출이 되며, 정작 특종 보도를 했던 기사는 하단에 묶음으로 처리된 사례가 나온다. 네이버는 뉴스 검색에 클러스터링 기술을 적용 중인데 이는 기사 본문의 형태소 분석을 통해 기사 간 유사도를 자동으로 측정하고 분류해 유사 기사끼리 묶어내는 기술이다. 기사의 중요도라는 개념을 자신들이 측정가능한 유사도만으로 측정해 자동으로 배열한 결과다.

유튜브의 인기 동영상 페이지와 추천 콘텐츠 등에서도 알고리듬을 통해 상업적 이해관계를 우선하거나 편향성이 의심되는 사례가 자주 거론되고 있다. 영향력이 큰 플랫폼으로서 사회적 운영 책임이 강하게 요구되는 대목이다.

05

Interactivity : 뭐든지 쌍방향

▶▷ 퇴근하면서 '집'에 연락해 조명을 켜고 거실 청소를 하고 피자를 주문해 두고... 미래형 '홈 오토메이션' 서비스를 설명하는 영상에 단골로 나오는 장면들이다. 이런 영상이 눈길을 끌고 '놀라운 순간'을 만드는 이유는 뭘까.

물건으로만 생각했던 것들이 사람과 직접 대화가 가능하다는 것이 가장 큰 요인이다. 이렇듯 기술적으로는 이미 불가능의 경계선이 무너졌고 상상하는 웬만한 것들이 생활 속에 구현되고 있다.

AI 스피커와 대화하는 건 이미 익숙한 풍경이다. 사람들은 스피커를 통해 날씨를 확인하고 음악을 듣고 물건을 주문한다. 스피커가 말잇기 게임은 물론 어떤 수다든 받아 주다 보니 어쩌면 무뚝뚝한 배우자보다 더 살가운 친구가 될 수도 있을 듯하다. TV와의 대화는 어떠한가. 스마트TV에 유튜브만 연결해도 '수상기'로 불리던 TV는 확 달라진다. 다름의 가장 중요한 차이는 바로 쌍방향 소통(interactivity)이다. 흔히 사물인터넷, 혹은 IoT(Internet of Things)로 부르는 흐름과 맞닿아 있다. 스마트폰과 아이패드에 익숙해진 아이에겐 손으로 만져도 반응하지 않는 TV 화면은 진부하게 느껴질 수 있다. 쌍방향성의 결여다.

전통매체와 유튜브를 비교할 때 바로 이 쌍방향성의 차이가 쉽게 감지된다. 한발 더 나아가 유튜브와 넷플릭스를 비교해 보면 어떨까. 요즘 유튜브 이용자들은 스마트폰으로 영상을 볼 때 화면을 두 번 터치해서 10초씩 빨리 재생시키기거나 뒤로 되감으면서 본다. 또 아래의 추천 영상을 스크롤하며 훑어보기도 하고 댓글 펼쳐 보기도 동시에 해낸다. 서비스 플랫폼 또한 쌍방향성을 고려한 UI(User Interface)를 갖추고 있다.

반면 넷플릭스는 TV를 마치 동영상 창고처럼 수많은 콘텐츠로 확장시키고 랭킹 및 장르별 추천을 해주지만 쌍방향성 측면에선 유튜브에 비해 상대적으로 약하다고 할 수 있다.

요즘 TV 프로그램에서도 이러한 쌍방향성을 가미하기 위한 크로스 플랫폼 시도가 늘고 있다. 2020년 여름을 강타한 MBC <놀면 뭐하니?>의 '싹쓰리'는 그룹 명과 부

입짧은햇님과 슈카월드의 라이브 방송.

캐 명칭을 유튜브 라이브를 통해 실시간 채팅창으로 시청자들에게 아이디어를 구해 결정했다. 이러한 쌍방향성에 대한 고려는 앞으로 다양한 영역에서 점차 중요성이 높아질 것으로 전망된다. 더불어 그 쌍방향성의 한 방향은 늘 유튜브가 차지할 것으로 보인다.

06 Keyword 6
Community : 여전히 끼리끼리

▶▷ 유튜브 세상의 한쪽 동네에서 꾸준히 이어지는 놀이문화가 바로 '반모'다. '반모'는 반말 모드의 줄임말이다. 반말로 편하게 대화할 수 있는 친구 같은 사람들과 소통하는 일종의 커뮤니티 문화다.

커뮤니티는 온라인 카페처럼 공통의 관심사를 바탕으로 형성되거나 소셜미디어 상의 친구 혹은 팔로어 등 기존의 지인 네트워크 기반에서 연결망이 확장되며 형성되는 게 통례다. 반면 유튜브는 콘텐츠를 매개로 구독자 기반이 형성되면서 커뮤니티로 진화되어 갔다. 일부 이용자들은 유튜브를 영상 플랫폼으로만 활용하는 게 아니라 커뮤니케이션 도구, 즉 소통의 무대로 생각하는 경우도 늘고 있다. '반모' 현상 또한 그런 측면을 엿보게 한다.

'커뮤니티'는 90년대 다음(Daum)의 카페 서비스 이후 온·오프라인에서 중요하게 여겨졌다. 2021년을 앞두고 이 키워드를 다시 꺼내든 이유는 팬데믹 이후 분명하게 감지되는 문화적 현상의 하나로 '소속감의 결여 채우기'가 전망되기 때문이다.

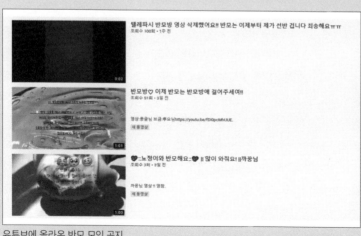

유튜브에 올라온 반모 모임 공지.

미선임파서블 유튜브 커뮤니티 페이지.

"코로나가 좀 잠잠해지면 한번 뭉치자"라는 흔한 인사말에서 뭉침의 의미를 짚어보자. 비대면 시대의 커뮤니티는 어떻게 진화할까? 요즘은 각자 줌을 켜 놓고 맥주나 와인을 홀짝이며 수다를 떠는 'Happy Hour'가 유행이다. '따로' 또 '같이' 있는 것이다. 여전히 사람들은 함께 무엇인가를 하고 싶어한다.

온·오프라인을 막론하고 커뮤니티를 통한 공동체 문화에 대한 소구는 매우 기본적이고 필수적인 욕구로 드러나고 있다.

유튜브에서는 크리에이터들이 구독자들에게 애칭을 붙여서 불러주는 것이 유행이다. 이름이 있다는 것은 상대방이 구체화된 존재라는 의미다. 박미선은 자신의 유튜브 채널 '미선임파서블'의 구독자들에게 '요원'이라는 애칭을 만들어 주었다. '여러분'이 아니라, '요원들'이다.

김춘수의 '꽃'처럼 '이름을 불러 주기 전에는 의미 없는 몸짓'이지만 '이름을 불러 준 후에는 꽃이 된' 것이다. 애칭은 구독자들로 하여금 커뮤니티에 소속감을 느끼게 해 준다. 인간은 사회적인 동물이라는 명제를 상기시키지 않아도 사람들은 떨어져 있을수록 더욱 커뮤니티를 원하며 함께 하고 싶어한다. 커뮤니티는 갈수록 그 비중과 중요성이 커질 것이다.

07

Keyword 7

Trust : 진실의 힘

▶▷ 2020년 하반기에 꾸준히 이어진 유튜브에서의 '뒷광고' 논란. 단순히 일부 유튜버들을 질타하고 그치는 문제가 아니었다. 사회적으로 다시 한번 '신뢰' 이슈를 제기하는 중요한 신호탄으로 해석할 수 있으며 현재 진행형이기도 하다.

뒷광고 논란을 다시 한번 짚어보자. 뒷광고 콘텐츠란 광고주에게 대가를 받았는데도 그 사실을 제대로 밝히지 않은 콘텐츠를 일컫는다. 연예인을 포함해 다수의 유명 유튜버들이 '내돈내산(내 돈 주고 내가 샀다는 의미)'이라고 말하며 리뷰한 제품이 실제로는 광고와 협찬이었음이 드러나면서 사과 행렬이 이어졌다. 반면 광고를 엄격하게 배제하거나 솔직히 밝히며 앞광고를 한 유튜버들은 오히려 신뢰를 높이며 호응을 얻었다.

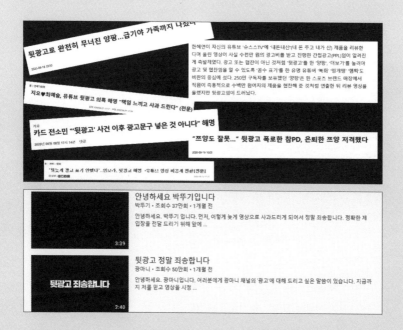

사실 파워 블로거와 유명 카페에서의 공동구매 등을 둘러싼 논란은 이미 있었다. 유튜브의 플랫폼 파워가 커지며 사람들이 모여들다 보니 그 속에서 다시 한번 유사한 홍역을 치르고 있는 셈이다.

언론사들의 기사형 광고와 드러나지 않는 다양한 형태의 협찬 등을 둘러싼 해묵은 논란이 다시금 제기되는 것도 그 연장선에 놓인 문제라 하겠다.

'뒷광고'가 마치 유튜브 용어처럼 사용되고 있지만 사실 사회적으로 볼 때 '신뢰'가 더욱 중요해지고 있는 세태를 상징하는 키워드로도 볼 수 있다. 진정성과 신뢰 없이 의미있는 성과를 창출하기 어렵다.

08 Keyword 8
Connectability : 연결역량의 시대

▶▷ 2021년의 중요 키워드를 하나만 꼽으라고 한다면 '연결역량' 한 단어를 제안하고 싶다. 그렇다면 연결역량이란 무엇일까. 연결역량은 대면사회와 비대면사회를 막론하고, 또 온라인과 오프라인에 상관없이 연결 여부 및 연결 기반에서의 새로운 가치 창출에 대한 주도적인 힘을 지칭한다. 쉽게 얘기하자면 필요한 누구 혹은 어떤 자원을 연결해서 목적하는 바를 얻을 수 있는 힘을 뜻한다.

얼핏 생각하면 아날로그 시대의 영업왕이나 로비스트처럼 많은 인맥들과 긴밀하게 교류하고 설득할 수 있는 네트워킹 파워로 이해할 수도 있겠다. 하지만 지금 여기서 말하는 연결역량은 다르다. 디지털 기반을 아우르며 오히려 디지털 기반이 더 중점적인 요소이다.

우리는 현재 소유의 시대가 아니라 접속의 시대에 살아가고 있다. 이때 어떤 사람의 연결역량은 접속 여부 및 범위를 필요에 따라 스스로 결정할 수 있는가가 역량 판단의 중요한 요소가 된다. 단순히 누구를 얼마나 많이 잘 아느냐의 문제가 아니고 원하는 대상을 적절한 방식으로 연결할 수 있는지, 그래서 원하는 가치나 성과를 만

들어 낼 수 있는지가 관건인 것이다.

소셜미디어에서의 친구 맺기와 팔로워 관계를 살펴보자. 사람들은 관계 이론에 따라 150명 정도의 친구가 실제 친구라고 한다. 하지만 페이스북은 5,000명의 친구를 맺을 수 있도록 만들었다. 실제로 페이스북에서 영향력이 높은 사람들의 경우, 이 5,000명의 친구도 모자라 정기적으로 페친 정리를 하기도 한다.

이렇게 구독자, 혹은 친구, 팔로워들과 얼마나 넓고 깊게 연결돼 있는지에 따라 개인이라고 하더라도 일정한 '매체 파워'를 갖게 되기도 한다. 연결역량이 뛰어난 사람은 '파워'를 갖게 되고 '돈'을 번다는 것이 온라인의 새로운 명제가 되고 있다.

연결역량은 앞서 이야기한, 그리고 필자가 이 책에서 이야기할 여러 개념과 연결되어 있다. 유튜브의 구독 자체가 자신과 타인의 연결을 늘려가는 것이고 음악이나 영화의 구독 목록 또한 서비스와의 연결을 공고하게 만드는 일이 되었다.

라이브 방송은 어떠한가. 실시간으로 연결된 사람들과 소통하며 제품을 판매하는 문화가 커지고 있다. 이때 판매 역량이 좋으려면 선제적인 연결역량이 있어야 가능하지 않겠는가.

본인이 소속된 커뮤니티 리스트로 연결역량을 헤아려볼 수도 있다.

앞으로 디지털 시대의 시민증을 받으려면 이 연결역량이야말로 필요충분조건이 되지 않을까 싶다. 특히 유튜브에서는 생산자와 소비자의 경계없이 서로 연결되어 거대한 유니버스를 만들어 갈 것으로 보인다.

2021
Connect-
ability

PART 03

2021년 주목해야 할
대한민국 유튜브 채널 77

유튜브 생태계를 만들어 가는 여러 유튜브 채널들. 2021년에는 어떤 채널이 사람들의 구독 리스트에서 주목을 받을까? 다양한 분야에서 창의성과 전문성을 가진 채널들의 약진이 두드러지는 가운데 유튜브 외에도 전통 매체를 넘나들며 자신의 영향력을 확대하는 크리에이터들도 여전히 눈에 띈다. 2021년 주목해야 할 유튜브 채널 77개를 소개한다.

2021년 대한민국 유튜브 채널 77 소개하기 앞서

2020년 유튜브 생태계에서 주목할 만한 점은 방송계의 많은 셀러브리티들이 대거 유튜브로 진출했다는 것이다. 이러한 현상은 그전부터 조금씩 진행되어 왔는데 코로나19로 사람들이 모일 수 없게 되자 온라인을 활용한 연결이 중요해지면서 더욱 강해졌다.

사람들의 관심을 먹고 살 수밖에 없는 가수와 배우 등 연예인들이 유튜브 방송을 통해 팬과 시청자, 관객들과 만나는 것은 어찌보면 자연스러운 현상이기도 하다. 영상 콘텐츠의 '프로'들이 유입되면서 유튜브 채널은 더욱 다양하게 확장되었다.

MCN 기업들도 이들을 활용해 채널 확장을 도모하는 중이다. KBS의 <사장님 귀는 당나귀 귀>에서 방송된 경우처럼 샌드박스네트워크에서 현주엽을 먹방 유튜버로 섭외하여 촬영하는 과정은 '유튜버는 개인 작업자'라는 기존의 인식을 바꾸기에 충분했다.

운동 관련 유튜브 채널인 '피지컬갤러리'의 <가짜사나이>처럼 여러 유튜버들을 등장시켜 콘텐츠를 만드는 콜라보도 일반적인 현상이 되었다. 이전의 연예 기획사들처럼 유튜브 매니지먼트사들이 소속 크리에이터들을 연결시켜 다양한 콘텐츠를 만들고 있다.

그럼에도 유튜브는 늘 새로운 콘텐츠와 크리에이터가 폭발하듯이 등장하는 공간이다. 때로는 범접하기 힘든 전문성으로, 때로는 꾸준함으로, 때로는 사람들의 관심을 실시간으로 받으며 자신만의 강점으로 채널을 만드는 이들이 늘고있다.

<2021년에 주목해야 할 유튜브 채널 77>은 이런 현상을 종합해 주목할 만한 채널들을 뽑았다. 크리에이터가 아니라 채널이라고 제목을 뽑은 이유는 거대한 미디어플랫폼인 유튜브에서 서비스는 채널 단위로 이뤄지고 있기 때문이다.

구독자 67.9만 명

▶ 카테고리 : 인물
▶ 콘텐츠 타입 : 예능

추천영상

싫은데 하는 메이크업샵 ASMR
Roleplay (언짢음주의)
(조회수 2,396,559회, 2020. 5. 18.)

도를 아십니까 RolePlay
(조회수 1,798,896회, 2020. 6. 18.)

드립력 넘치는 ASMR계의 폭주기관차

개그우먼 강유미가 운영하는 개인 유튜브 채널이다. 3년 전 첫 영상을 업로드 했다. 다양한 콘텐츠를 시도하고 있지만 그중 단연 돋보이는 것은 ASMR 영상이다. 'ASMR 계의 폭주 기관차'라고 명명된 이유는 특색 있는 컨셉 때문이다.

'롤플레이'라는 제목처럼 특정 직업군의 언행을 관찰해 재수 없고 구리다고 여길 만한 상황들을 포착해서 재연했다. '배우병 심하게 걸린 여자배우', '띠꺼운 공인중개사', '세일기간에 바쁜 화장품 판매사원', '욕쟁이 할머니', '일진', '도를 아십니까' 등 강유미의 ASMR 유니버스는 현재 끝없이 확장 중이다.

강유미의 ASMR을 보다 보면 자신도 모르게 "현실 고증 100%"라고 외치게 된다. 세상은 별별 사람들이 판을 치는 '하이퍼리얼리즘수라지옥'이지만 이들과 더불어 살아가는 세상이기에 구독자들은 오늘도 그녀의 ASMR을 보면서 스트레스를 푼다.

구독자 37.6만 명

▶ 카테고리 : 과학
▶ 콘텐츠 타입 : 익스플레인

추천영상

사람을 먹으면 안 되는
매우 과학적인 이유
(조회수 4,397,772회, 2020. 5. 22.)

공룡이 멸종하지 않았다는
매우 과학적인 증거
(조회수 901,058회, 2019. 3. 25.)

거절당한 아이템으로 대박 친 과학기자

'과학드림'은 '과드'라는 별칭으로 유명하다. 미드, 일드, 영드와 같은 드라마처럼 재미있는 과학 이야기를 하고 싶은 의지를 담은 별명이라고.

과드 운영자는 10여 년의 과학기자 경력을 갖고 있다. 잡지사 기자와 유튜브 채널 운영을 병행하다 유튜버로 전업했다. 과학 이야기를 기사로만 전달하는데 한계를 느껴 영상을 통해 전달하고자 채널을 만들었고 지금까지 이어졌다.

'과학드림'의 주요 콘텐츠는 잡지사에서 일할 때 편집장에게 건의했다가 짤린 주제들이다. 이런 주제들을 갈무리해 두었다가 유튜브 콘텐츠로 만들어냈고 대박을 쳤다. 기사에 어울리는 주제와 영상에 어울리는 주제가 서로 다르다는 걸 알 수 있다.

주요 콘텐츠는 생물학. 그중에서도 진화 관련 이야기와 식인 이야기가 최고의 인기 콘텐츠다. 사람들이 낯설어 하는 주제를 다뤄야 관심을 끌 수 있다고.

과학적 팩트에도 절대 소홀하지 않는다. 논문으로 발표된 것인지, 학계에서 정설로 받아들여지는 내용인지 꼼꼼한 검수를 거쳐 기획한다. 기자 생활 때 얻은 인맥의 도움으로 국가기관에 직접 문의해 정보를 구하기도 한다.

구독자 30.3만 명

▶ 카테고리 : 과학
▶ 콘텐츠 타입 : 익스플레인

추천영상

대체 빛의 속도를 어떻게 알아냈을까?
(조회수 792,474회, 2018. 3. 24.)

지구가 평평하다면 절대 불가능한
현상 7가지
(조회수 586,437회, 2018. 3. 10.)

유사과학 NO!
물리의 기본을 알고 싶다면
내게로 오라!

세상에서 가장 어려운 학문은? 절반이 수학이라고 답한다면 나머지 절반은 물리라고 대답하지 않을까. 한때 물리 교사였던 운영자는 상대성 이론, 양자역학, 전자기학, 고전역학, 열역학 같은 물리학을 주요 콘텐츠로 다루고 있다. 데릭 뮬러라는 물리학 박사의 유튜브 채널에 감동해서 전업 유튜버가 되었다는 운영자는 딱딱한 공식과 수학으로 뒤범벅이 된 물리학을 알기 쉽게 설명해준다.

'과학쿠키'의 콘텐츠는 총 네 개의 주제로 나누어진다. 물리학, 화학 생물학, 그리고 종합. 그의 최종 목표는 여러 과학 지식들을 씨줄과 날줄로 엮어서 종합적인 콘텐츠를 만드는 것이다.

구독자가 늘면서 콘텐츠도 더욱 다양해졌다. 탄탄한 지식을 바탕으로 하는 전문적인 콘텐츠도 있지만 실생활에 적용 가능한 콘텐츠도 업로드된다. '탄산음료가 든 병뚜껑을 안전하게 따는 방법은?' 병의 옆 면을 세게 쳐주면 탄산이 터지지 않는다고 한다.

'과학쿠키'의 운영자는 유사 과학을 매우 싫어한다. 사실 유튜버를 시작한 이유 중 하나는 잘못된 과학 상식을 정확하게 알려 주려는 목적도 있다고.

구독자 27.2만 명

▶ 카테고리 : 이슈, 뉴스
▶ 콘텐츠 타입 : 토크

추천영상

김종무 사건 - 완전 범죄를 꿈꾼 범인.
충격적인 이야기
(조회수 1,049,752회, 2019. 1. 11.)

'지존파' 진짜 이야기-그들의
'아지트'에서는 무슨 일이 있었는가?
(조회수 1,237,340회, 2018. 10. 20.)

베테랑 형사와 프로파일러가 함께 분석하는 범죄 이야기

화성연쇄살인사건을 담당했던 김복준 형사는 2014년 동두천 경찰서 수사과장으로 퇴직할 때까지 32년 동안 형사로 근무했다. 프로파일러 김윤희 씨는 서울지방경찰청 범죄심리분석관으로 근무한 프로파일 전문가다.

이 채널은 원래 두 사람의 팟캐스트 방송 '사건의뢰'가 유튜브로 진출한 것이다. 팟캐스트를 녹음하면서 영상으로 녹화한 내용을 그대로 보여주기 때문에 영상들이 길고 별다른 자막도 없다.

그럼에도 한 번 보기 시작하면 도저히 멈출 수가 없다. 추리와 분석력 만렙의 범죄전문가들의 범죄자 분석을 듣다 보면 나도 모르게 빠져들고 만다.

이 채널은 세상이 항상 밝은 곳이 아니라는 걸 보여 준다. 그럼에도 이 채널을 구독해야 하는 이유는 실제 범죄를 예방할 수 있기 때문이다. 관심을 갖고 경계를 게을리 하지 않으면 범죄는 충분히 예방할 수 있다. 누군가의 눈썰미로 범죄의 이상한 낌새를 알아차릴 수 있다면 또 다른 범죄를 막을 수도 있다. 그리고 나와 가족의 안전도 지킬 수 있다.

구독자 15만 명

▶ 카테고리 : 자기계발
▶ 콘텐츠 타입 : 하우투, 익스플레인, 브이로그

추천영상

새벽 4:30부터 시작하는 저의 하루를
공개합니다
(조회수 1,693,469회, 2019. 11. 14.)

나 혼자산다 - 미국변호사편
(조회수 319,613회, 2019. 9. 7.)

새벽에 일어나면
삶이 바뀐다!

'열심히 살고 싶다'는 결심과 함께 강한 자극을 원한다면, 이 채널을 추천한다!
한마디로 자기 관리의 끝판왕. 매일 새벽 4시 29분에 일어나는 김유진 변호사의 브이로그를 보면 삶의 의욕이 팍팍 솟구친다.

김유진 변호사가 꼽는, 스스로 기회를 만드는 첫 단계는 '새벽형 인간'이다. 일찍 일어나는 새가 멀리 날 수 있듯이 남들보다 일찍 일어나 여유 시간을 확보하는 것이 기본이다. 물론 단순히 새벽 기상이 목표가 아니다. 시간을 확보해 질적으로 풍부한 하루를 보내고 나아가 이루고자 하는 목표를 달성할 수 있는 마음가짐과 방법도 제시한다.

이 채널은 결코 '일찍 일어나야 성공합니다' 따위의 뻔한 멘트를 날리지 않는다. 다른 자기 계발 영상처럼 더 나아지라고 강요하는 것이 아니라 그냥 하루하루 자신의 일상을 절대 미루는 법 없이 성실하게 수행한다. 그녀와 함께 매일매일 자기 일을 실천한다면 나도 어느새 성공하는 사람의 대열에 동참하게 될 것 같다. 목표를 이루고 싶은 사람들이 원하는 GXWM 영상의 대표 격.

구독자 44.9만 명

▶ 카테고리 : 인터뷰
▶ 콘텐츠 타입 : 금융, 재테크

추천영상

서울대 졸업한 수능 만점자는 7년 후
지금 뭐하고 있을까?
(조회수 2,618,577회, 2018. 12. 31.)

존리가 말하는 2020년 주가전망 및
주식투자 (재테크)
(조회수 1,715,805회, 2020. 3. 13.)

유튜브 스토리텔러가 뽑아준
성공의 다양한 공식

'지금처럼 살거나 지금부터 살거나'라는 슬로건으로 동기부여와 재테크 노하우, 자기 계발 등을 다루는 채널이다.

김작가는 홍보 대행사에 다니다 강연과 글을 쓰고 싶어서 퇴직한 뒤 인터뷰 책을 준비하는 과정에서 유튜브를 시작했다. 인터뷰어가 늘어날수록 영상의 갯수도 늘어났고 구독자도 늘었다.

특히 재테크 열풍을 타고 '김작가 TV'의 재테크 관련 콘텐츠에 구독자와 조회수가 폭발했다. 재테크 전문가 섭외 원칙은 부정적인 이력이 있는 사람은 피하는 것. 하지만 모두가 칭찬하는 사람은 없기에 판단은 구독자의 몫이다.

10분 내외의 인터뷰 영상들은 시리즈로 구성되어 자연스럽게 다른 영상을 찾아보게 만든다. 자신의 궁금증을 인터뷰라는 영상 콘텐츠로 확장시킨 김 작가. 어쩌면 그는 유튜브 시대가 요구하는 스토리텔러가 아닐까 싶다.

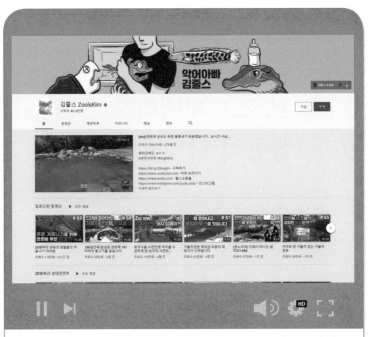

구독자 40.9만 명

▶ 카테고리 : 동물
▶ 콘텐츠 타입 : 토크, 익스플레인

추천영상

악어를 뜯어먹는 닥터피쉬의
놀라운 먹성
(조회수 1,919,926회, 2019. 11. 5.)

70CM 가물치를 성체 악어 수조에
넣으니 생기는 일
(조회수 1,443,043회, 2019. 10. 18.)

건강한 생태를 위한
선한 영향력

반려동물 하면 강아지나 고양이를 연상했던 시절은 오래 전에 지나갔다. 일명 악어 아빠 '김줄스'는 서울 서초구에서 '줄스(Zools)'라는 희귀 동물 매장을 운영 중이다. 그의 영상에는 자신이 키우는 악어 악뚜와 악악이 외에도 가게에서 판매하는 희귀 파충류, 양서류 등이 자주 등장한다.

그의 커다란 수조에는 악뚜 외에도 로얄 스네이크헤드, 피라루쿠, 호주 폐어, 거북이 등이 함께 서식한다. 수조 속 동물들의 모습을 영상으로 찍고 내레이션을 하는데 그의 예상대로 행동하지 않는 동물들을 보면 웃음이 터진다.

동물들에 대한 애정과 호기심이 가득 담긴 콘텐츠들의 중심에는 '줄스클럽'이 있다. 운영자는 '줄스클럽'에 대해 '자연과 더불어 사는 건강한 삶'을 목표로 하는 사람들의 모임이라고 소개한다.

현재는 무인도에서 대규모 생태탐사 프로젝트를 진행 중이다. 단순한 반려동물 채널이 아닌, 자연과 생태를 위해 보다 선한 영향력을 미치고자 노력하는 채널이다.

구독자 88.9만 명

▶ 카테고리 : 엔터테인먼트
▶ 콘텐츠 타입 : 예능

추천영상

목사님 스님이 부랄친구라면?
약빤 몰카
(조회수 14,710,148회, 2020. 2. 8.)

미녀와 소개팅에 내시가 나온다고?
(조회수 1,483,758회, 2020. 2. 1.)

소개팅에 뜬금없이
내시가 나오는
낄낄 몰래카메라

2020년 1월 말 개설하고 1년도 안되어 구독자 수가 80만이 넘었다. 콘텐츠의 형식은 몰카를 기본 구성으로 한다. 목사님과 스님의 '부랄친구' 콘텐츠 한 편에 무려 1,400만 회가 넘는 조회수가 나왔다.

공채 개그맨들의 삶의 터전인 공개 코미디 프로그램들이 하나, 둘 폐지되면서 유튜브가 새로운 대안으로 떠올랐는데 결과적으로 전화위복이 되었다. 소재의 제약이 없는 유튜브에서 개그맨들은 톡톡 튀는 아이디어로 기대 이상의 효과를 보고 있다. KBS 출신 코미디언 장윤석과 tvN에서 코미디빅리그로 데뷔한 임종혁의 몰래카메라 '낄낄상회'도 대박이 났다.

'낄낄상회'는 스님이 전 여친을 만나는 컨셉 외에도 목사님과 스님을 친구로 설정하고 다양한 상황을 연출한다. 영상마다 조회수가 대박 나면서 "개콘이 망하는 이유는 유튜브 때문"이라는 반응이 나오기도 했다. 시대의 흐름에 맞춰 활동 영역을 옮긴 개그맨들이 유튜브에서 전성기를 맞고 있다.

구독자 16.8만 명

▶ 카테고리 : 푸드
▶ 콘텐츠 타입 : 하우투, 익스플레인

추천영상

#칵테일19_위스키 마시는 법/
온더락&하이볼_위스키 사워
(조회수 285,345회, 2018. 3. 17.)

집에서 투명한 얼음을 얼리는 방법'들'
홈텐딩, 집에서 칵테일
(조회수 1,749,216회, 2019. 12. 5.)

대체 불가 술튜버의 취미 월드

대한민국 남자들의 취미 중 빼놓을 수 없는 술과 캠핑, 낚시를 전문적으로 보여주는 채널이 바로 '남자의 취미'다. 자칭 타칭 주정뱅이 크리에이터!

부드러운 목소리로 보다 멋지게 혼술하는 방법을 알려 준다. 단순한 정보 전달에만 그치지 않고 구독자들의 지갑을 지키는 요령도 알려 준다. '지속 가능한 음주'를 위한 크리에이터의 배려다.

"칵테일 마시면서 허세 부리지 말자."

그는 술을 취미 생활로 즐기면서 동시에 강조한다. 칵테일, 보드카, 위스키를 마시면서 허세 쩌는 취미로 보이지 않아야 한다는 것. 그의 쿨한 태도에 반해 구독자들이 모여드는 건지도.

운영자는 처음부터 제품명과 가격을 가감없이 공개하고 광고를 할 때도 당당하게 "광고 영상이야."라고 말하는 요즘 보기 드문 크리에이터다. 덕분에 구독자들의 신뢰도는 더 올라갔다고.

구독자 3.01만 명

▶ 카테고리 : 인물, 일상
▶ 콘텐츠 타입 : 브이로그, 토크

추천영상

현실적인 3천만 원 짜리
아파트에서의 삶
(조회수 293,257회, 2020. 8. 3.)

40대 남자의 여자없는 삶
(조회수 249,558회, 2020. 2. 19.)

40대 노총각의 짠내 나는 희로애락 엿보기

어딘지 허술하지만 왠지 정감이 간다. 영상 편집도 초보 수준인데 하는 얘기를 듣다 보면 어느새 고개가 끄덕여진다. 가난한 노총각의 삶은 곤궁하기 그지없다. 컵라면과 햇반, 간편한 레토르트 음식으로 차린 상이 너무 리얼하다. 3천만 원 전세 아파트에 사는 기간제 직원이지만 그렇다고 절망하지 않는다.

'10억짜리 아파트에 살아도 죽으면 내 것이 아니다', '성공, 부자 프레임이 결국 인생을 파국으로 몰고 간다', '인생은 많이 가졌냐, 적게 가졌냐의 싸움이 아니다' 등 주옥 같은 말에 사람들은 공감한다.

또 하나의 관전 포인트는 40대 중반 모쏠인 그가 초월한 듯 집착하는 여자에 관한 이야기다. 없어도 행복하다고 하는데 짠내 가득한 그의 브이로그 영상 댓글에 비혼주의자도 결혼하고 싶게 만드는 영상이라는 반응이 한가득이다.

인생이 뭐 다 그렇지. 자신의 삶에서 희망을 찾고 미래를 준비하는 우리의 독거 노총각 파이팅! 50대가 되기 전에 꼭 모쏠에서 탈출하시길.

구독자 23.1만 명

▶ 카테고리 : 금융 재테크
▶ 콘텐츠 타입 : 익스플레인, 하우투, 리뷰

추천영상

[재테크] 국가부도의 날을 대비하는
투자방법
(조회수 1,410,017회, 2018. 12. 20.)

[부동산 투자] 3개월만에 2억 오른
아파트 고른 방법은??
(조회수 240,666회, 2018. 11. 18.)

11

돌디

주린이, 부린이들의
재테크 쌤

저금리 시대. 이제는 재테크가 선택이 아닌 필수다. 최근 2030세대를 중심으로 유튜브와 오픈 채팅방이 새로운 재테크 정보 채널로 떠올랐다. 기초적인 경제 상식이나 동향부터 세부 분야까지 목적에 맞는 유튜브 채널을 찾아 적극적으로 정보를 얻고 공부하는 것이 MZ세대의 재테크 학습 트렌드. 이제 막 재테크에 눈뜨기 시작한 '주린이'(주식+어린이), '부린이(부동산+어린이)' 들이라면 돌디를 주목해 보자.

재테크를 구독자와 함께 공부해 보자는 콘셉트로 진행되는 유튜브 채널 '돌디'는 10여 개의 영상을 올렸을 뿐인데 구독자가 20만을 넘어 버렸다. 하지만 대기업의 겸업 금지 사규 등으로 회사와 갈등을 빚었던 돌디는 결국 전업 유튜버의 길을 걷게 되었다. 그의 재테크 영상은 일대일 과외를 받는 것처럼 조곤조곤하고 이해하기 쉽다. 자신도 신입 사원 때부터 3년 정도 종잣돈을 모으면서 투자 공부만 했는데 그런 지식들을 방송에 녹여 냈다. 부동산, 경제, 주식, 비트코인, 화폐, 투자 등 다양한 재테크 주제를 명확하게 분석해 주기 때문에 향후 투자를 위한 안목까지 기를 수 있는 채널이다.

구독자 46.4만 명

▶ 카테고리 : 음악
▶ 콘텐츠 타입 : 커버, 토크, 예능, 브이로그

추천영상

8년 연습하고 스틱 부러뜨려서
3주만에 회사 짤린 썰
(조회수 2,974,473회, 2020. 3. 11.)

[드럼좌 커버] 화사(Hwa Sa) - 마리아
(Maria)
(조회수 259,541회, 2020. 7. 14.)

제가 한번 분질러 보겠습니다

드럼좌는 전직 아이돌로서 현재 46만 구독자를 보유한 유튜버 빅터한이다. 어떻게 전직 아이돌이 대형 유튜버가 됐을까?

거기엔 안타까운 사연이 있다. 8년 동안 아이돌 연습생이던 그는 단 한 번의 음악방송 출연으로 모든 걸 잃었다. 노래에 심취해 마지막에 드럼 스틱을 부러뜨렸는데 바로 방송 출연 정지를 먹었던 것. 그렇게 어이없이 회사에서도 짤려 버린다.

방송에서 퇴출당하고 개설한 채널이 '드럼좌'이다. 주로 케이팝과 팝송을 드럼 연주로 커버한 영상을 제작한다. 초기에는 전직 아이돌이라는 이유로 스포트라이트를 받았지만 점차 자신만의 화려한 퍼포먼스와 실력으로 인정받고 있다. 드럼을 칠 때 보여 주는 특유의 미친 표정과 행동을 보면 일찌감치 아이돌을 그만둔 게 다행이다 싶을 정도다. 생각보다 달변이라서 그걸 듣는 맛도 쏠쏠하다.

드럼 커버 영상 외에도 다양한 콘텐츠를 시도 중이다. 잘생긴 외모로 뷰티 영상까지! 그래도 본업은 역시 드럼. 간혹 그의 드럼을 보고 꿈을 다시 펼치고 싶다는 40대 아재들의 댓글이 달리기도 한다. 유고스타도 했는데 당신이라고 못할까.

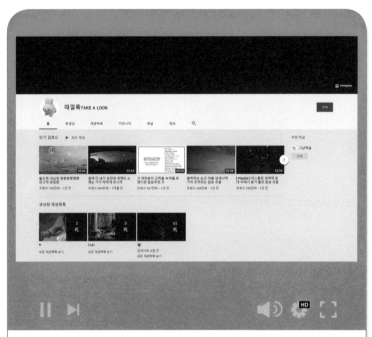

구독자 비공개

▶ 카테고리 : 음악
▶ 콘텐츠 타입 : 스트리밍 편집

들으면 내심장 쿵쾅쿵쾅쾅
와그작 와장창
(조회수 7,379,230회, 2019. 8. 16.)

♬ 여러분의 고막을 녹여줄 트렌디한
팝송추천 ♬
(조회수 3,663,333회, 2019. 3. 14.)

심장 쿵쾅쿵쾅하는
음악 추천해 줄게

'~할 때 듣는 노래', '~의 추천곡' 같은 제목이 음악 스트리밍 영상의 일반적인 제목이다. 하지만 때껄룩의 제목은 다르다. '이 팝송을 듣고 그루브를 타다가 거북목이 완치되었습니다'라든가 '과제할 때 들으면 교수님께 A+받는 팝송' 등이 보통이다. 확 땡기지 않는가? 구독자가 한때 80만 명 이상이었는데 2020년 8월부터 비공개가 되었다.

때껄룩 채널은 플레이리스트뿐 아니라 댓글을 구경하러 오는 이들도 많다.

"당신 때문에 유튜브 프리미엄 결제했습니다. 조회수는 제가 책임지겠습니다"와 같은 댓글도 달린다.

음악 들으러 와서 댓글 읽고 간다는 댓글은 이 채널의 성격을 대표한다. 댓글에는 수천 개부터 수만 개에 이르는 '좋아요'가 달리고 수백 개의 댓글이 꼬리에 꼬리를 물고 이어진다. 음악과 더불어 이야기라니. 계속 머물고 싶지 아니한가.

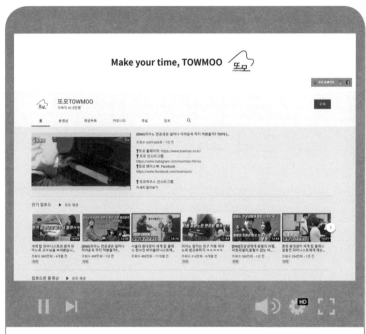

구독자 41.3만 명

▶ 카테고리 : 음악
▶ 콘텐츠 타입 : 브이로그, 인터뷰

추천영상

피아노 전공생은 얼마나 어려운
곡까지 쳐봤을까? TOP3
(조회수 4,994,006회, 2019. 2. 14.)

세계 탑 피아니스트와 원격 피아노로
교수님을 속여봤습니다
(조회수 8,846,991회, 2020. 3. 7.)

클래식계 쇼미더머니

한번 치면 다음날 손에 알이 베긴다는 리스트의 빠른 춤곡 '타란텔라'. 이 곡을 음대생이 피아노로 연주하는 동영상이 온라인에서 화제가 됐다.

'피아노 전공생은 얼마나 어려운 곡까지 쳐봤을까?'

피아노과 학생들이 빠르기로 소문난 슈만 환상곡과 쇼팽 소나타를 치면서 '나 진짜 못하겠어'라고 절망한다. 화려하고 기교 넘치는 피아노 연주가 사실은 연주자를 멘붕으로 몰고 가는 '극한 작업'이라는 것을 두 눈과 두 귀로 확인할 수 있다.

또모란 채널의 명칭은 '또라이 모임'에서 나왔다고 한다. 세종대에서 만난 음대생 두 명이 끼 넘치는 음대생들의 재주를 보여주기 위해 채널을 만들었다. 영상 길이는 15분 안팎으로 비전공자들 입장에서 음악 전공자들에게 궁금할 만한 콘텐츠가 무엇일까 생각하면서 기획을 한다고.

여기 영상들 대부분은 자막 맛집이다. 꼭 읽어보길! 피아니스트 임동민, 바이올리니스트 한수진 등 유명 연주자들도 출연해 인지도를 높였다.

구독자 18.5만 명

▶ 카테고리 : 인물
▶ 콘텐츠 타입 : 예능, 토크

추천영상

크리스마스 모텔 알바하기!
이런 영상은 처음이죠?
(조회수 2,915,659회, 2019. 12. 27.)

이번엔 에어컨이다
(조회수 1,036,360회, 2020. 8. 28.)

로동복어

세상 모든 알바,
내가 직접 경험해 본다!

영상 내내 썰 푸는 걸 단 한순간도 멈추지 않는 유튜버가 있다. 화려한 bgm이나 소품도 없이 주구장창 썰만 풀고 있는데도 시선을 못 뗀다. 비주얼도 평범치 않다. 얼굴의 반을 가리는 선글라스와 어디서 구입했는지 의문인 주황색 생선 모자까지.

그녀는 침대에 앉아 온갖 흥미로운 썰을 영상으로 풀어낸다. 처음으로 소개한 것이 바로 '모텔 알바생 썰'이다. 그녀는 모텔에 관해 사람들이 궁금해 하거나 본인이 경험했던 이야기를 거침없이 쏟아낸다. '경찰 출동한 썰', '14박 15일 묵은 손님', '신비한 숙박업 마케팅' 등 레어 아이템들이 쏟아진다. 야한 듯 야하지 않은 모텔 관련 이야기를 그녀 특유의 화술로 주구장창 이야기한다.

그녀는 코로나19로 실직하게 되면서 강제로 '전업 유튜버'가 됐다. "여러분들이 나의 생계를 책임지게 됐어. 여러분의 호적에 제가 올라가진 않지만 여러분이 부양해야 할 가족이 한 명 더 생긴 거지"라며 천연덕스럽게 유튜버로 전업했음을 선언했다. 청년 알바생의 고단하고 위태로운 삶을 위트와 웃음으로 풀어버리는 '로동복어'의 이야기에 구독자들은 함께 울고웃다 어느새 삶의 에너지를 얻는다.

구독자 18.5만 명

▶ 카테고리 : 푸드
▶ 콘텐츠 타입 : 먹방

추천영상

틱톡 한판만 리얼사운드 먹방모음
(조회수 555,246회, 2020. 4. 10.)

틱톡 한판만 팽이버섯 레시피
(조회수 220,782회, 2019. 10. 5.)

틱톡을 점령한 먹방러가
보여주는 세로 먹방의 정석

틱톡 팔로워 6백만의 틱토커인 먹스나가 운영하는 유튜브 채널. 짧은 틱톡 영상을 유튜브 시간에 맞춰 길게 편집했다. 틱톡 채널이 세로 영상이다 보니 음식을 긴 세로판에 진열해 놓고 먹는 것이 특징. 컬러풀한 음식들을 예쁘게 플레이팅 해 놓았는데 그것을 보는 것만으로도 기분이 좋아진다. 그녀의 먹방을 ASMR로 듣다 보면 참하고 예쁘게(?) 먹는다는 생각이 든다.

틱톡에 비해 유튜브 영향력은 아직까지는 크지 않은 상태. 문법이 다른 걸까? 나름 편집을 하고 있지만 이 부분은 좀더 살펴봐야 한다. 협찬 받은 광고 리뷰는 아예 카테고리를 따로 만들어서 [광고]라고 보여준다. 광고 콘텐츠는 세로 영상과 달리 가로 영상으로 만들었는데 틱톡보다 유튜브에 광고가 집중되어서가 아닐까 싶다.

구독자 20만 명

▶ 카테고리 : 자기 계발
▶ 콘텐츠 타입 : 익스플레인, 토크

추천영상

면접관이 밝히는, 1분 자기소개는
이렇게 해야 들린다!
(조회수 1,318,378회, 2018. 12. 9.)

면접관이 밝히는, 마지막 할 말은...
아무 말도 하지 말아줘! 나 힘들다고~
(조회수 806,045회, 2018. 12. 8.)

난 이형 보고 취업 합격했어

코로나19 속에서도 빛을 발하는 채널. 대기업의 최연소 인사 총괄 책임자였던 이형이 운영하는 채널이다. 취준생들은 이제 형식적이고 비싸기만 한 취업 컨설팅이 아닌 이형의 영상을 보며 무료로 취업 준비를 하고 있다. 인사 담당자답게 실제 도움이 될 수 있는 꿀팁과 면접관의 심정을 꾸밈없이 솔직하게 대방출한다. 5분 내외의 짧은 영상이지만 각 주제별로 정확한 노하우를 전달하는 것이 특징.

이형은 취업 준비라는 긴 터널을 달리느라 힘들어하는 취준생들의 텐션을 높여 준다. 단순히 '잘 될거야. 힘내자!' 같은 막연한 응원이 아니라 쓴 소리를 하되 행동으로 실천할 수 있는 현실적인 방안도 함께 던져준다. 이외에도 사회생활 중에 발생할 수 있는 상황별 대처법도 알려준다. 어디서 이런 현실적인 팁들을 배울 수 있을까?

구독자 80.4만 명

▶ 카테고리 : 엔터테인먼트
▶ 콘텐츠 타입 : 예능

추천영상

준호집 말고 우영집으로 가서
2PM 짐승돌 해명 듣고 왔습니다
(조회수 925,585회, 최초 공개:
2020. 8. 17.)

향수 뿌리지 말라더니 정작 본인들은
꽤나 향수를 잘 뿌리고 다녔던 그때
그 틴탑 니엘, 발재간이 '장난 아냐'
(조회수 2,847,364회, 최초 공개:
2020. 7. 2.)

밀레니얼이 사랑한
아이돌 콘텐츠

아이돌이 출연하는 방송은 많지만 '문명특급'은 좀 다르다. '문명특급' 제작진이 콘텐츠를 만들 때 지키는 세 가지 원칙이 있다. '안 웃기면 웃을 필요 없다. 무리한 요구라면 거절한다. 아이돌을 전문 직업인으로 대우한다.'는 세 가지 원칙을 전제로 콘텐츠를 제작한다. 이런 차이는 출연자, 제작진, 구독자 그 누구도 불편하지 않은 웹예능을 만드는 원동력이다.

이 코너의 진행자 재재는 <스브스 뉴스>에 출연한 것을 계기로 점차 인기를 끌면서 '문명특급'의 얼굴로 자리 잡았다. 그녀를 연반인이라고 하는데, 연예인도 일반인도 아니라는 의미.

'문명특급'은 원래 <스브스 뉴스>의 한 코너로 시작됐다. '글로벌 신문물 전파 프로젝트'라는 슬로건을 내걸고 새롭게 등장하는 신문물을 찾아간다는 취지로 시작된 프로그램이었다. '문명특급'의 경우처럼 참신한 코너가 새로운 채널로 독립하는 과정을 앞으로 유튜브에서 많이 보게 될 듯하다.

구독자 7.09만 명

▶ 카테고리 : 이슈, 정보
▶ 콘텐츠 타입 : 익스플레인

추천영상

AI 반려로봇 벡터(Vector),
30만원주고 살만한가?
(조회수 642,974회, 2018. 12. 29.)

MIT에서 만든 트랜스포머 책상
(조회수 493,509회, 2015. 10. 3.)

미래를 예보하는 남자

우리는 늘 내일 무슨 일이 생길지 궁금해 하며 다가오는 미래에 대해 갈증을 느낀다. 기업에 있어서 미래는 트렌드를 미리 예측하여 새로운 시장을 선점할 수 있는 잭팟의 기회가 되기도 한다.

'미래 사회는 무엇이 달라질까?', '최신 미래의 트렌드는 무엇인가?' 등과 같은 질문에 대해 쉽고 재미있게 알려주는 채널이 'Make your Futures'라는 슬로건을 내세운 '미래채널 MyF'다. 미래캐스터 황준원 대표는 사람들이 일기예보를 통해 날씨를 예측하듯이 미래 변화를 예보하고 어떻게 준비해야 하는지 알려준다. 2015년 미래 기술 첫 강연을 시작하고 일기예보의 기상캐스터처럼 미래의 변화를 쉽고 간결하게 전달하는 역할을 자처했다.

이 채널에서 로봇이나 AI 관련 소식은 쉽게 접할 수 있는 콘텐츠다. 얼리어답터와 다른 점은 단순한 제품 비교가 아닌, 미래 생활을 직접 경험하면서 다가올 미래를 쉽게 예측해 준다는 점. 황준원 대표의 미래 예보를 보면 한 걸음 앞선 미래의 그림을 그릴 수 있을 것이다.

구독자 25.6만 명

▶ 카테고리 : 인물
▶ 콘텐츠 타입 : 예능

추천영상

[ENG] 홍대 마비시켰던 세뱃돈
FLEX 미션! 전설의 (레전드 그랜절)
받아봤습니다
(조회수 1,008,265회, 2020. 1. 31.)

가족도 안해준다는
장롱면허 운전연수를 해봤습니다
(조회수 304,349회, 2020. 8. 28.)

언니, 천년 만년 계속 해야 해요

한국에서 50대 여성은 하나의 이미지로만 소비된다. 아줌마.

성별도 전문성도 능력도 기준이 되지 않는다. 특히 치열한 방송판에서 50대 여성이 설 장소는 점점 줄어든다. SBS의 스페셜 파일럿 프로그램인 <선미네 비디오가게>에 출연한 박미선이 자신을 젖은 낙엽이라고 비유한 것처럼 그녀는 착 달라붙어서 버티는 중이다. 그리고 박미선은 자신의 새로운 자리를 찾았다. 바로 유튜버.

박미선의 강점은 수다스럽지만 부담스럽지 않고, 나이 들었지만 호기심을 잃지 않으며, 나이를 인정하지만 꼰대스럽지 않다는 점이다. '미선임파서블'에는 호기심 많은 박미선이 도전하는 콘텐츠들이 영상으로 올라온다. 그래서 제목도 불가능이 없는 '미선임파서블.' 1인 토크쇼, 시트콤, 예능 등 다양한 형식을 소화한다.

조회수 대박 난 '그랜절' 콘텐츠는 박미선만이 할 수 있는 콘텐츠였다. 여자 어른으로서 세배를 받는 것. 노인이라는 이미지가 아닌, 남성의 세계에서 여성성을 잃지 않고 전문가로 살아남은 그녀. 유튜브 세계에서도 멋진 보스가 되어 주길 바란다.

구독자 74.8만 명

▶ 카테고리 : 인물
▶ 콘텐츠 타입 : 익스플레인

추천영상

120시간 못 먹는 UDT 생식주 썰 /
특수부대 훈련
(조회수 4,781,821회, 2020. 5. 21.)

전직 UDT 저격수가 분석한 영화
아메리칸 스나이퍼
(조회수 2,704,987회, 2020. 4. 30.)

가짜사나이 속 진짜 저격수

일반인이 특수부대 훈련을 체험하는 <가짜사나이>의 최고 수혜주인 에이전트H. 그가 운영하는 '미션 파서블' 채널은 저격수 경험과 지식을 바탕으로 밀리터리 콘텐츠를 다룬다. 2020년 4월부터 시작, 5개월 만에 구독자가 73만 명이 넘을 정도다. 그는 그동안 잘 다뤄지지 않았던 밀리터리 덕후의 궁금증을 풀어준다. 우리 주변에서 흔히 보기 힘든 직업인 특수부대 관련 이야기도 많이 다룬다. 저격수 과외부터 소말리아 파병 당시 받은 월급까지 공개한다.

"면도기나 애프터쉐이브 회사에서 광고 제의가 들어올 것 같은 분위기", "저격수도 궁금하지만 형님 피부 관리랑 화장품 뭐 쓰는지", "외모가 여자들에게도 저격수로 보이실 듯" 등 에이전트H의 외모에 대해 환호하는 팬심도 대단하다.

400만 뷰 조회수를 기록한 '120시간 못먹는 UDT 생식주 썰'에서는 발톱 10개가 다 빠졌다는 경험처럼 상상을 초월하는 극기 훈련을 생생하게 접할 수 있다.

에이전트H는 유튜브를 통해 군인, 소방관, 경찰의 선한 영향력을 알리고 처우 개선을 위해 힘쓰고 싶다는 포부를 밝혔다.

구독자 66.5만 명

▶ 카테고리 : 패션
▶ 콘텐츠 타입 : 정보, 리뷰

추천영상

60대 명품바이어가 고른
자라ZARA 꿀템
(조회수 3,666,286회, 2019. 10. 10.)

이탈리아 명품 브랜드 이탈리아
발음으로 읽어볼까요?
(조회수 1,848,459회, 2020. 1. 21.)

'우리의 내일'을 기대하게
만드는 롤 모델

유튜브에서 새롭게 떠오른 캐릭터 유형이 있다. 바로 '롤 모델'이다. 대표적인 롤 모델 유튜버인 '밀라논나'는 시니어 유튜버다. 1978년 밀라노에 유학한 최초의 한국인으로 66만여 명의 구독자를 보유하고 있다. 막스마라, 살바토레 페레가모 같은 이탈리아의 명품 브랜드를 국내에 선보이는 등 패션계에서 오랜 경력을 쌓았다. 유명 백화점의 패션 담당 바이어, 무대의상 디자이너, 교수로 활약했던 이력의 소유자다. '밀라논나'의 첫 영상은 '60대 명품 바이어가 고른 자라(ZARA) 꿀템'이었다. 그녀의 연륜과 경험으로 명품 스타일 아이템을 골라주는 영상이다. 디스플레이 된 아이템마다 어느 명품 브랜드 스타일인지 바로 매칭해 주는데 시대와 세대를 뛰어넘는 '밀라논나'의 감각과 브랜드를 바라보는 철학이 묻어나서 보는 내내 감탄하게 된다.

채널 댓글들을 살펴보면 '이렇게 나이들고 싶다'는 반응이 많다. '밀라논나'는 꼰대가 아닌, 영감을 주는 시니어를 원했던 유튜브 구독자들의 세대적 니즈로 인해 발견된 채널이 아닐까.

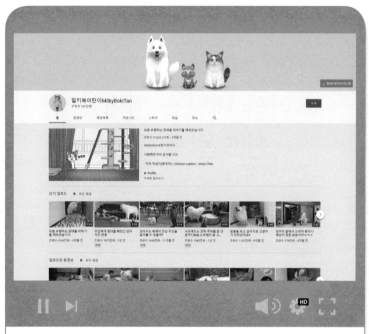

구독자 161만 명

▶ 카테고리 : 동물
▶ 콘텐츠 타입 : 엔터테인먼트

추천영상

요즘 유행하는 장애물 피하기를
해보았습니다
(조회수 40,927,701회, 2020. 4. 17.)

강아지는 밖에서 만난
주인을 알아볼 수 있을까?
(조회수 18,464,834회, 2019. 10. 18.)

코로나 블루도 물리친
저 세상 귀여움

유튜브의 특이한 현상 중 하나는 랜선 이모와 랜선 집사들을 양산한다는 것. 반려동물을 직접 키우지 않지만 영상으로 보는 것만으로 대리만족을 얻는 사람들이 늘면서 반려동물 콘텐츠도 늘었다.

'밀키복이탄이'는 사모예드 '밀키'와 노르웨이숲 '광복', 고양이 '탄이'의 성장과정과 놀이를 콘텐츠로 한다.

최근 반려동물과 함께 하는 다양한 챌린지들이 유행이다. 그중 개와 고양이를 함께 키우는 집사들은 두 동물의 유연성과 판단력을 확인할 수 있는 장애물 피하기 대결 챌린지에 나섰다. '밀키복이탄이' 채널의 장애물 피하기 콘텐츠는 공전의 히트를 쳤다. 요리조리 빠져나가는 고양이와 아무 생각 없이 도미노를 모두 무너뜨리는 개의 반응에 사람들은 열광했다.

해외에서도 사랑받는 이 채널은 외국 구독자들의 댓글도 많이 달리는 편이다. 주인과 반려동물의 케미가 유독 좋은 것으로도 유명하다. 하루의 마무리를 '밀키복이탄이'와 하는 랜선 집사들에게 엄청난 힐링을 주는 채널.

구독자 6만 명

▶ 카테고리 : 자기계발
▶ 콘텐츠 타입 : 익스플레인, 하우투

추천영상

네가 영어를 못하는 이유 (미드와 원서로 공부해야 하는 진짜 이유)
(조회수 47,163회, 2018. 10. 27.)

영어 일기를 쓰는 6가지 방법(추천 도서 l 영어 작문을 위한 일일 습관)
(조회수 16,844회, 2020. 2. 7.)

유튜브에서 찾은
나만의 영어 과외 선생님

영어 원서를 줄줄 읽고 싶고 토플 시험도 잘 보고 싶다면 어떻게 공부해야 할까? 영어 학습에 대한 고민이 있다면 이 채널을 한 번 찾아보자. 10년 동안 영어를 파고 든 유진 쌤이 영어를 잘하는 수많은 방법을 알려줄 것이다.

미드로 영어 공부하는 법, 원서로 영어 공부하는 법, 영어 공부 로드맵 등의 영상을 보고 있으면 '할 수 있다!'는 희망이 떠오른다.

특히 이 채널은 고등학교 졸업 후 다시 영어를 공부하고자 하는 20대 이상 성인 시청자들이 많이 찾는다. 학교에서 가르치는 방식이 아닌 실용적인 영어 공부법을 알려주기 때문.

유튜브에서는 능력 있는 영어 선생님의 강의를 무료로 찾아볼 수 있다. 대학 대신 유튜브 대학에서 수업을 듣는 날이 바로 다가올지도 모르겠다.

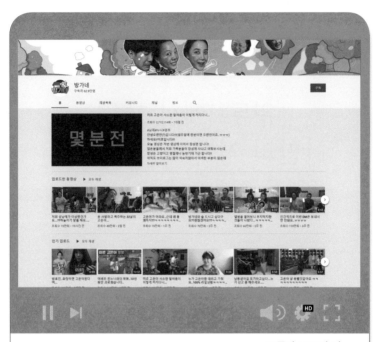

구독자 62.9만 명

▶ 카테고리 : 인물, 일상
▶ 콘텐츠 타입 : 예능

추천영상

방효진...화장하면 고은아 된다며…
(조회수 6,303,127회, 2020. 4. 3.)

남동생이길 포기하고 싶다...누가 신고
좀 해주세요....
(조회수 2,282,603회, 2020. 3. 17.)

방가네

세상 친한 남매들의
본캐 유튜브 방송

누나는 배우, 동생은 가수. 당연히 부티 나고 멋진 모습이 **뿜뿜**일 것 같은 연예인 가족이 연상된다. 하지만 이 채널에는 우당탕탕 정신없는 남매들이 뛰어다닌다. 아이돌 그룹 엠블랙 멤버 미르와 그의 누나들이 등장하는 채널 '방가네'. 처음에는 미르가 시작했지만 누나들이 참여하면서 채널 구독자가 폭발했다. 그 이유는 털털한 모습의 고은아 때문.

외부에서는 예쁜 여배우인 고은아가 집에서는 털털한 건어물녀 방효진이 된다. 언제 빨았는지 의심되는 잠옷을 입고 현실 남동생 철용이(미르)와 티격태격하는 모습에 계속 채널로 빠져든다. 이 채널에서 미르와 고은아는 연예인 신분을 부캐로 내려놓고 일반인 방철용과 방효진을 메인으로 세운다.

대책 없는 솔직함과 유쾌함으로 마치 시트콤 속 가족처럼 일상을 풀어가는 '방가네'는 사람들의 응원 속에 구독자 수가 더욱 늘고 있다. 인간성의 표본 같은 이들 가족이 모두 잘 되길!

구독자 32.8만 명

▶ 카테고리 : 정보
▶ 콘텐츠 타입 : 익스플레인

추천영상

업무/학습 효율 극대화!
30분 파워 낮잠 숙면가이드
(조회수 986,767회, 2020. 4. 19.)

잠잘 때 듣는 별자리 여행 수면
스토리 명상
(조회수 99,028회, 2020. 7. 27.)

잠 못 드는 밤엔
양을 세지 말고 그와 함께

잠이 안 올 때 유튜브를 보면? 더욱 잠을 못 잔다. 이 영상 저 영상 보느라 정신이 점점 말짱해 진다. 하지만 이 채널은 다르다. 꿀잠을 도와주는 채널이다. 주된 콘텐츠는 명상.

오랫동안 숙면에 대해 연구한 브레이너 제이가 수면 명상 가이드와 수면 코칭 등의 영상을 올렸다. 잠 못 자는 것만큼 힘든 게 또 어디 있을까? 불면증인 사람이라면 꼭 이 채널의 도움을 받아볼 것.

잠자리가 바뀌면 왜 잠을 못 자고 악몽을 꾸는지, 몸이 피곤한데 왜 잠이 안 오는지 등과 같은 사소해 보이지만 한번쯤 고민해 보았던 문제들을 함께 풀어가면서 자신만의 건강한 수면 패턴을 만들어 보자.

구독자 9.52만 명

▶ 카테고리 : 푸드
▶ 콘텐츠 타입 : 하우투, 드라마, 예능

추천영상

♬빙그레 메이커를 위하여♬ |
빙그레X빙그레우스
(조회수 6,435,011회, 2020. 8. 24.)

♬빙그레 메이커를 위하여♬ OST녹음
현장 대공개 (feat.김성철 더 머시스)
(조회수 268,195회, 2020. 9. 7.)

빙그레TV

나 빙그레우스 더 마시스,
유튜브에 진출했다오

2020년 과자 업계의 최고 이슈 캐릭터라고 하면 이 왕자님을 꼽아야 할 것이다. 빙그레우스 더 마시스 왕자. 이 왕자님으로 인해 온갖 기업과 공공기관에서 캐릭터 열풍이 불기도 했다.

최근에 빙그레우스 왕자가 뮤지컬 애니메이션의 주인공이 되었다. 어딘가 웅장하고 비장하지만 나도 모르게 피식하는 웃음이 나오는 이유는? 한마디로 쓸데없이 고퀄이라는 것. 뮤지컬의 한 대목 같은 음악과 매칭되는 3분짜리 애니메이션은 이 댓글로 정리된다.

"난 빙그레가 이렇게까지 빙그레우스에 진심일 줄은 몰랐어."

이 영상 하나로 빙그레는 600만 조회수를 끌어들였다. 그동안 '빙그레TV' 콘텐츠들이 나쁘지는 않았지만 강력한 한 방이 아쉬웠다. 하지만 쓸고퀄 영상 덕에 빙그레 월드가 시작되었고 유저들은 그 월드에 기꺼이 동참할 자세가 되어 있다. 이렇게까지 판을 깔아 놓은 '빙그레TV'가 다음에는 또 어떤 콘텐츠를 들고 나올지 사뭇 궁금하다.

구독자 비공개

▶ 카테고리 : 이슈, 정보, 뉴스
▶ 콘텐츠 타입 : 익스플레인

추천영상

이대로는 못 넘어가겠습니다.
(조회수 1,668,784회, 2020. 8. 6.)

어헤즈샴푸의 충격적 비밀 1화
(이상민 샴푸,탈모샴푸)
(조회수 313,858회, 2019. 3. 10.)

비교적 정직한 사회를 위한 비양심 업체 고발 유튜버

"죄송합니다. '사망여우'입니다. 저는 허위광고를 하는 기업과 사람들에 대해 다룹니다. 그런데 제가 완전무결하거나 정의로운 사람이라서 이런 영상들을 만들고 있는 게 아닙니다. 저는 결코 정의로운 사람이 아닙니다. 그냥 너무 화가 나서 유튜브를 하고 있는 일반인입니다."

대한민국의 비양심 업체 고발 유튜버 '사망여우'는 비교적 정직한 사회를 위해 허위 과대광고 제품들을 고발하고 있다.

채널의 특성상 협찬을 받기 힘들기 때문에 채널 멤버십 가입 링크를 함께 올려 놓았다. 허위광고 업체를 고발하다 보니 온갖 협박과 공격을 당하고 있지만 스스로 책임 져야 할 사안이라고 하면서 조용히 대응하는 중이다.

비양심업체 고발 외에도 좋은 제품은 홍보하기도 한다.

"멈추지 마, 계속 화내. 당신은 지금 2030대의 대항이야"라며 '사망여우'를 응원하는 댓글이 많다. 뒷광고 논란으로 시끄러운 유튜브 세상에서 그의 채널은 많은 생각거리를 안겨준다.

구독자 116만 명

▶ 카테고리 : 이슈, 정보, 뉴스
▶ 콘텐츠 타입 : 익스플레인

추천영상

하늘로 총을 쏘면 어떻게 될까?
(조회수 4,023,686회, 2019. 1. 17.)

잠잘 때 가끔 몸을 움찔하면서 깨는
이유는?
(조회수 3,382,645회, 2019. 3. 13.)

사물궁이 잡학지식

온갖 사소한 궁금증을
해소해 주는 잡학사전

구독자 100만 명을 기념하여 '사물궁이'의 정체가 밝혀졌다. 몇 년 전 페이스북에서
사회 이슈들을 빠르게 전달해 주던 '스피드 웨건'이라는 페이지의 운영자였다.

그가 영상의 내용 고증에 얼마나 신경 쓰는지는 실제 취재원이 된 사람에게 들을
수 있다. 전문가에게 도움말을 부탁하고, 그 내용을 다시 확인하고, 최종 영상본의
감수를 부탁하는 그의 열정에 감동받은 전문가는 해당 주제에 관한 문의가 들어오
면 오히려 '사물궁이'의 영상을 연결시켜 준다고 한다.

정보를 애니메이션으로 깔끔하게 전달해서 인지 주로 공공기관과 콜라보 콘텐츠를
많이 만들었다. 현재는 온라인으로 정보를 알려주지만 이후 오프라인으로도 확장
할 계획을 갖고 있다고 한다. 또한 해외 진출도 생각한다며 영어, 일어 채널을 개설
하여 운영 중이다.

유튜브 콘텐츠로 어떻게 사업을 확장하는지 보고 싶다면 '사물궁이'의 활동을 함께
살펴보는 것도 좋겠다.

구독자 15.7만 명

▶ 카테고리 : 동물
▶ 콘텐츠 타입 : 스트리밍 편집, 익스플레인

추천영상

까치 하나에 꼼짝 못하는 맹금류들...l
순딩순딩 비둘기조롱이
(조회수 701,872회, 2019. 10. 15.)

땅에 떨어진 아기새! 구조하지 마세요
(조회수 1,129,216회, 2020. 5. 28.)

한국판 내셔널지오그래픽, 여기가 새 영상 맛집!

대학 휴학생이 운영하는 '새덕후' 채널. 국내에서 볼 수 있는 각종 새들의 탐조 영상이 담겨 있다. '새덕후' 운영자는 어릴 때부터 새를 좋아해서 탐조를 해왔다고 한다. 각조 야생 조류를 관찰하고 촬영한 영상을 업로드하고 있다.

채널 운영 초기에 후원자를 만나 촬영 취재비를 보조 받아서 다른 채널과 달리 비교적 안정적으로 새 영상을 올리고 있다. 카메라에 담을 새를 찾으러 갈 때는 긴장감 넘치고 포착한 새를 관찰할 때는 해외 다큐멘터리를 보는 것 같다. 카메라 속 새가 잔잔히 울음소리를 낼 때면 저절로 마음이 뭉클해지며 힐링이 된다.

탐조 다큐멘터리라고해서 지루할 것이라 섣불리 판단하면 안 된다! 새 한 마리의 이름부터 특징까지 그의 설명과 함께 보고 있으면 "새 탐조가 이렇게 재밌을 수 있나?" 하는 생각이 수시로 든다. 실제로 '새덕후' 덕분에 새에 관심을 갖고 탐조를 취미로 하려는 구독자들이 늘고 있는 중이다. 이선균 같은 멋진 목소리는 덤.

구독자 58.9만 명

▶ 카테고리 : 일상
▶ 콘텐츠 타입 : 브이로그, 하우투

추천영상

고딩 때 썼던 추억의 화장품으로
화장해보기
(조회수 1,967,987회, 2017. 6. 10.)

컬러링 앤 푸드 캘린더북 1월 편
(조회수 126,047회, 2016. 1. 4.)

다재다능한 90년대생의
성장 스토리

'샘의 삶'은 소소하지만 소중한 90년대생 세림의 일상을 담은 채널이다. 라이프, 뷰티, 여행이라는 키워드로 영상을 업로드한다. 유명 뷰티 크리에이터 '씬님'의 사촌동생인 그녀는 자신만의 유튜브 채널을 개설해서 딱 자신의 나이에 맞는 영상들을 업로드한다. 초기에는 컬러링북 DIY를 업로드했다고.

'샘의 삶' 인기 콘텐츠 중 하나인 '월간 다-꾸' 시리즈는 그녀가 가장 자신 있어 하는 분야인 DIY로 덕업일치를 이루어 낸 콘텐츠 결과물이다. 다꾸는 다이어리 꾸미기의 줄임말이다. 요즘은 다꾸, 신꾸, 폰꾸, 플꾸가 유행. 미대생 출신의 남다른 손재주로 아기자기한 결과물을 구경하는 재미가 있다.

그녀의 여행 콘텐츠는 현실을 잘 반영해 인기가 높은 편이다. 뉴욕으로 떠나기 전 뉴욕에서 꼭 해야 할 버킷 리스트 20가지를 정해 하나씩 실행해 보는 경험은 책으로도 출간됐고 콘텐츠로도 업로드되어 있다. 일명 '샘슐랭' 가이드. 일상을 잘 기록한 영상 다이어리를 보고 싶다면 '샘의 삶'을 볼 것.

구독자 21.1만 명

▶ 카테고리 : 금융, 재테크
▶ 콘텐츠 타입 : 토크

추천영상

1억이면 매달 달러로 배당금을
얼마정도 받나요?
(조회수 383,323회, 2018. 12. 3.)

나만의 1등 성장주 포트폴리오
만드는 법
(조회수 85,145회, 2020. 8. 16.)

야 너두 해외주식 배당금 받는 삶 살 수 있어!

유튜브에서 인기 있는 금융 재테크 채널은 직접 실전 투자 노하우를 알려주는 방송들이다. '소수몽키'는 미국 주식 투자에 관한 정보를 전달해준다. 미국 주식 매매시 유용한 앱 소개부터 대표적인 종목 분석을 다룬다.

'소수몽키' 운영자는 원래 주식과 전혀 무관한 삶을 살면서 대기업에 다니던 직장인이었다. 2019년에 퇴사하고 현재는 매월 미국 주식으로부터 배당금을 받으며 개인블로그와 유튜브에 꾸준히 기록을 남기고 있다. 배당금으로 제2의 월급을 만들고세계 여행을 꿈꾸며 투자 중이다.

'소수몽키'가 말하는 자신의 채널 활용 꿀팁은 댓글을 보라는 것. 재작년 애플이 반토막 났을 때 애플 주식을 사라고 주장했던 영상의 악성 댓글들에 관해서도 서슴없이 이야기한다. 주식시장의 분위기가 좋을 땐 훈훈한 댓글들이 달리고 그렇지 않을때 악성 댓글이 달린다고. '소수몽키'는 아내와 함께 투자하고 있는데 그의 아내 역시 '앙찌 Diary'라는 '직장인 투자자의 두 번째 수입 만들기' 프로젝트 영상을 운영중이다.

구독자 78.1만 명

▶ 카테고리 : 푸드
▶ 콘텐츠 타입 : 예능, 하우투, 먹방

추천영상

집안에 들어온 괴생물체를
손질해보자
(조회수 5,619,799회, 2019. 10. 3.)

수상한 양념게장집
(조회수 755,005회, 2020. 6. 13.)

저세상 텐션 사장이 운영하는 해산물 맛집(feat. 피뽑주의)

현주엽도 놀란 생선 해체의 달인. 해산물을 쿡방하고 먹방하는 '수빙수TV'는 화려한 칼 솜씨와 말솜씨를 동시에 감상할 수 있는 채널이다. 어려운 해산물 손질도 그녀의 설명이면 왠지 나도 뚝딱 해낼 것 같은 느낌이다. 작은 덩치에 자신보다 더 커보이는 생선을 해체하는 모습을 보고 있자면 감탄이 나온다. 해산물 좋아하는 사람이라면 하루 종일 보고 있어도 질리지 않는 맛집 종합 선물 세트.

대학 때 전공은 호텔경영이지만 요리를 좋아해서 일식집 요리사로 취직했다. 일식 요리에 필요한 칼 쓰는 법을 배우고 싶은데 유튜브에는 어려운 영상들만 있어서 직접 유튜브 채널을 시작하게 되었다고. 2년이 못되어 78만 구독자를 보유한 파워 유튜브가 되었다.

코너 중에는 횟집뿐만 아니라 '빙수토랑', '수빙수산', '빙수성', '수상한 양념게장집' 등 다양한 콘텐츠를 준비하여 도전하고 있다. 기존 포맷에 안주하지 않고 늘 새로운 시도를 해보는 진정한 크리에이터가 아닐까 싶다.

구독자 88.4만 명

▶ 카테고리 : 푸드
▶ 콘텐츠 타입 : 하우투, 익스플레인, 예능

추천영상

세상 간단한 스팸요리 8가지
(조회수 4,850,252회, 2019. 10. 2.)

굴소스는 사드세요….제발
(조회수 1,390,972회, 2020. 3. 23.)

승우아빠

누구나 따라할 수 있는
레시피 + 개그 한 스푼

매번 어떻게 창의적으로 요리를 실패할지 기대하면서 클릭하게 되는 채널 '승우아빠'이다. 물론 시도하는 요리마다 모두 실패하는 것은 아니지만 언제나 완벽한 요리를 만들어 내는 일반적인 요리 채널과는 결이 다르다.

그는 15년 요리 경력을 쌓으며 재직 중이던 외국계 식품 기업을 퇴사하고 전업 유튜버로 전향했다. 어느 때는 세상 간단한 요리로 왕초보도 도전할 수 있게끔 도와주지만 어느 때는 요리사도 요리에 실패할 수 있다는 것을 대박 망친 요리를 통해 보여준다.

요리의 순서뿐만 아니라 그 음식의 유래까지 소개해줘서 듣다 보면 어느새 하나의 요리가 완성되어 있다. 트위치에서 라이브를 하면서 다른 채널에서는 게임 방송도 하는 중이다. 좋아하는 두 가지로 전업 유튜브의 길을 걷고 있는 유튜버. 자막에 온갖 밈을 때려 넣는 것으로도 유명하다.

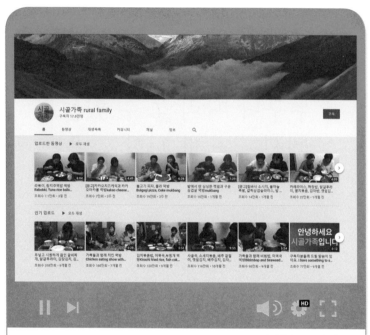

구독자 17.6만 명

▶ 카테고리 : 푸드
▶ 콘텐츠 타입 : 먹방

추천영상

무넣고 시원하게 끓인 굴비찌개,
달걀후라이, 김장김치, 김자반 등 먹방
(조회수 3,184,437회, 2019. 11. 28.)

가족들과 함께 치킨 먹방
(조회수 1,602,973회, 2020. 2. 17.)

시골 가족이 먹는 집밥의 힘

'시골가족'은 부모님과 세 남매가 실제로 시골집에서 소박한 먹방, 일상 영상 등을 올리는 채널이다. 주로 가족이 다같이 모여 식사를 하는 콘텐츠를 제작한다. 대부분 4~6분 밖에 걸리지 않는 평범하고 일상적인 식사 모습인데 보고 있으면 힐링이 된다. 무를 넣고 시원하게 끓인 굴비찌개, 계란프라이, 김장 김치, 김자반 등 '시골가족'의 먹방을 보면 문득 정겨운 생각이 들고 마음이 편안해 진다.

'시골가족'의 장녀 김효순은 대학교에 진학하기 전에 곧 떨어질 가족들의 모습을 담아 두고 싶어 채널을 개설하게 됐다. 유튜브 시청자들에게 '시골가족'의 순박하고 정겨운 모습이 친근한 이미지로 다가오면서 구독자 수가 급상승했다.

'안녕하세요 시골가족입니다' 영상에는 "진짜 행복이 무엇인지 깨닫게 해주는 영상", "착한 시골아가씨 구독들 해줘라", "가끔이라도 순수한 밥상 꼭 올려주시고 멋진 간호사 될 걸 믿어 의심치 않습니다" 같은 따뜻한 응원 댓글들이 올라와 있다.

살아가면서 힘들거나 지칠 때 '시골가족'의 먹방을 보면 어느새 마음이 편안해지고 왠지 삶을 긍정하게 만드는 무자극 채널이다.

구독자 11.9만 명

▶ 카테고리 : 여행, 해외
▶ 콘텐츠 타입 : 브이로그, 토크

추천영상

1200원짜리 미얀마 샴푸샵 체험
미얀마 브이로그
(조회수 94,327회, 2020. 4. 8.)

거지꼴로 최고급호텔 간다고 했더니
경찰이 길을 안알려줌ㅋㅋㅋ
[스리랑카여행]
(조회수 839,140회, 2019. 10. 24.)

자칭 게으른 여행자, 그리고
속 시원한 프로 상담러

여자 혼자 해외여행을 다니며 일어나는 에피소드를 담은 채널이다. 그녀가 하는 여행의 특징은 각 나라에서 일정 기간 직접 생활을 해보는 것이다. 해외에서 지내는 생활도 범상치 않다. 빡빡한 일정으로 가득 차기보다는 게으르게, 끌리는 대로 움직인다. 일명 '게으르게 세계살이 여행'.

최근에는 여행 콘텐츠 외에 라방으로 구독자들과 소통하며 고민 상담을 해주는 콘텐츠가 주목받고 있다.

본인은 '두목', 구독자들에게는 '세력들'이라는 애칭을 붙이고 라방을 '정기총회'라고 부르는 아주 독특한 상담소이다. 그녀는 구구절절 말하지 않는다. 속 시원하고 명쾌한 답변으로 세력들의 뼈를 강하게 때린다.

고민 상담과 더불어 굵직 굵직한 인생 조언도 해준다. 이런 저런 이유를 붙이지 않고 명쾌하게 툭툭 뱉는 조언을 듣고 있으면 사이다 1리터를 마신 것 같다.

혹시 혼자 풀어내기 힘든 고민이 있다면 다음 정기총회에 참석하여 두목님에게 상담을 부탁해보는 건 어떨까?

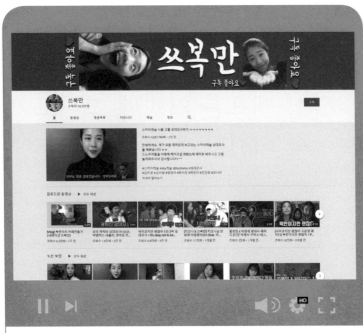

구독자 16.3만 명

▶ 카테고리 : 인물
▶ 콘텐츠 타입 : 예능

추천영상

스카이캐슬 나름 고퀄 성대모사
(조회수 4,285,268회, 2019. 1. 4.)

부부의 세계 1인 5역 성대모사
(쓰복만이 다 했다ㅋㅋㅋㅋ)
(조회수 1,799,380회, 2020. 4. 18.)

쓸고퀄 성대모사의 달인

EBS 성우 김보민은 성대모사의 달인 유튜버 '쓰복만'의 본 캐릭터다.

'쓰복만'의 성대모사는 목소리만 따라 하는 것에서 끝나지 않는다. 성우 출신답게 음성, 표정 그리고 숨소리마저 복사해낸다. 각 캐릭터에 맞게 스타일링을 하여 더욱 입체적인 캐릭터를 만든다.

jtbc <스카이 캐슬>에 나오는 캐릭터들을 성대모사한 영상으로 떡상하기 시작했다. 현재까지도 채널 조회수 1위를 차지한 영상이다.

드라마 출연자 성대모사는 매번 화제가 됐다. <동백꽃 필 무렵>의 주인공 공효진 성대모사의 경우 역대급 싱크로율이라는 댓글이 줄줄이 달렸다.

'쓰복만'은 tvN <유 퀴즈 온 더 블럭>, MBC <복면가왕> 등에 출연하거나 언급되었다. 그녀의 성대모사가 유튜브에서 엄청난 화제를 끌고 있음을 알 수 있다.

<복면가왕>의 경우 가면을 쓰고 나온 연예인을 두고 어느 심사위원이 "요즘 유튜버 '쓰복만'이 유명한데 그분이 확실한 것 같습니다."라며 자료화면으로 나가기도 했다. 그만큼 많은 사람들이 그녀의 성대모사를 기다리고 즐기는 것이 아닐까 싶다.

구독자 44.2만 명

▶ 카테고리 : 이슈, 정보, 뉴스
▶ 콘텐츠 타입 : 익스플레인

추천영상

'한-일 사이버 대첩':10만명이 함께한
전설의 사건 [경인대첩]
(조회수 3,845,465회, 2019. 11. 2.)

펀쿨섹좌: Fun하고 Cool하고 Sexy한
일본의 장관
(조회수 992,794회, 최초 공개: 2020.
5. 23.)

"이 드립의 유래는?"
유행어와 드립의 뿌리를 찾아서

도대체 요새 유행하는 인터넷 드립들은 어디서 유래된 걸까? 각종 드립들의 역사를 정확하게 알고 있는 사람이 있을까? 단언컨대 인터넷 상에서 쏟아져 나오는 유행어와 드립들에 대해 제대로 알고 사용하는 사람은 얼마 없을 것이다.

'아이템의 인벤토리'는 인터넷 유행어와 드립에 대해 설명하는 채널이다. 더불어 인터넷 상의 트렌드나 각종 사건 등도 함께 다루는데 굳이 찾아보지는 않지만 알면 재미있을 것 같은 뒷이야기를 알려준다. 마치 인터넷 야사라고나 할까?

온갖 신박한 예시를 들면서 이해를 넘어 피식 웃게 만드는 재주가 있다. 여러가지 흥미로운 주제들에 대해 이해하기 쉽게 설명해 주고 인터넷 상의 혐오나 갈등 관련 소재, 정치적 갈등 소재도 다룬다. 민감한 주제들은 성급하게 결론을 내리기 보다 유저들이 판단할 수 있게끔 소개한다. 알아 두면 쓸모 있는 신박하고 잡스러운 인터넷 정보, 여기서 찾아보자.

구독자 56.6만 명

▶ 카테고리 : 이슈, 정보, 뉴스
▶ 콘텐츠 타입 : 토크, 익스플레인

추천영상

빌리 아일리시가 상을 받고도
불편한 이유
(조회수 2,071,256회, 2020. 1. 29.)

재능이 있든 없든 별 신경 쓸 필요 없는
이유
(조회수 343,311회, 2020. 5. 22.)

간단한 지식 배우러
들어왔다가 덕후되는 채널

'채널 정보: 알아 두면 간지나는 지식, 알간지를 전합니다. = 알간지'

지식을 배우러 왔다가 지독하게 얽혀버리는 채널, 유튜브의 악마, '알간지'를 소개한다. 그녀의 콘텐츠는 조금 특이하다. 구독자들에게 영어를 알려주는데 일반적인 영어 강의가 아니다. 각종 해외 이슈, 미국 드라마, 영화, 토크쇼 등의 영상에서 배울 만하거나 실용적인 영어 표현을 뽑아온다. 재밌는 영상과 난이도가 높지 않은 영어 표현이 섞이면서 따분하지 않게 영어 공부를 할 수 있다. 여기에 해외 토픽도 알게 되는 것은 덤.

이외에도 라방으로 나눈 대화를 자막으로 만들어 자연스럽게 영어를 알려준다. 덧붙여 간간이 대사를 읽어주는 음성도 나온다.

라방에서 알맹쓰들과 소통을 하며 나오는 인생 조언이 아주 주옥 같다. '언니, 도덕 선생님 해주세요.', '알간지 님은 인생 n회차인가?', '내가 아는 유튜버 중 가장 철학적인 유튜버다.'와 같은 댓글이 가득하다. 영어 배우러 들어왔다가 알 언니 덕질을 해버리는 채널.

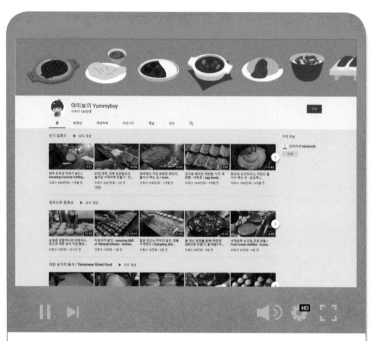

구독자 154만 명

▶ 카테고리 : 푸드
▶ 콘텐츠 타입 : 익스플레인

추천영상

태국 코코넛 자르기 달인
(조회수 44,777,456회, 2020. 2. 2.)

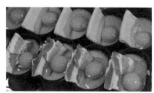

갓구운 베이컨 계란빵, 치즈 계란빵 -
대학로
(조회수 19,129,762회, 2020. 2. 14.)

야미보이 Yummyboy

혜자스러운
길거리 음식의 향연

길거리 음식 하면 백종원의 스트리트 푸드 파이터가 떠오른다. 길거리 음식들이 즐
비한 거리를 지나가면서 맛난 음식을 골라 먹는 백종원의 먹방 기행은 언제나 흥미
롭다. 이런 길거리 음식을 유튜브에서 소개하면 어떨까.

2020년 2월에 올린 '태국 코코넛 자르기 달인' 영상은 '야미보이'에서 가장 인기 있
는 영상 중 하나다. 음식의 조리 과정을 시작부터 끝까지 있는 그대로 보여준다. 해
외 구독자들의 댓글도 다양하게 달린다.

그의 첫 영상은 '광주 송정역 시장 길거리 음식 꿀타래'였다. 인사동에서 외국인 관
광객들이 많이 먹는 음식 중 하나가 꿀타래인데 전라도 광주에서는 꿀타래를 어떻
게 만들까, 호기심을 불러일으킨다.

'야미보이'의 길거리 음식 소개 영상들은 담백하다. 메뉴를 보여주고 길거리 음식이
어떻게 만들어 지는지 촬영한다. 주문한 음식을 받아도 맛이 어떻다 따위의 멘트를
하지 않는다. 하지만 유저들은 안다. 맛은 굳이 더 점검할 필요가 없다는 것을! '야미
보이'의 맛비게이션을 따라 랜선으로 다양한 길거리 음식 깨기를 해보자.

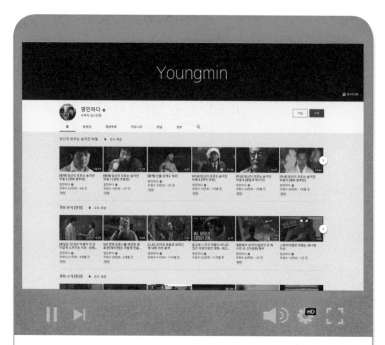

구독자 20.1만 명

▶ 카테고리 : 영화
▶ 콘텐츠 타입 : 리뷰, 익스플레인

추천영상

[신세계] 당신이 모르는 숨겨진 비밀
(조회수 2,019,992회, 2019. 7. 27.)

9년 전에 코로나를 예언한 영화
[컨테이전]은 어떻게 만들어졌을까
(조회수 184,951회, 2020. 3. 19.)

우리가 모르는
그 영화의 숨겨진 비밀

사람들은 재미있게 본 영화나 드라마의 뒷이야기를 알고 싶어 한다. 사소한 내용이
라도 남들이 모르는 내용을 알게 되면 또 다른 재미를 느낄 수 있다. 영화의 숨겨진
비밀에 관해 다룬 채널이 바로 '영민하다'이다.

국내 영화부터 해외 영화까지 화제가 된 명작들의 뒷이야기를 보다 보면 '와 이 장
면이 그런 뜻을 담아서 찍은 거였어?', '아, 이게 이렇게 촬영됐구나' 하면서 감탄하
게 된다. 처음 감상했을 때와는 또 다른 느낌으로 다가오는 리뷰. N차 관람을 하게
되는 리뷰라고 할 수 있다.

이 채널의 또 다른 콘텐츠는 영화 분석이다. 영화관에서 봤을 때는 깊이 생각하지
못했던 장면들이 담고 있는 의미를 분석해 준다. 단편적으로만 보고 지나갔던 사소
한 장면들을 같이 곱씹어 볼 수 있다. 좋은 영화를 이렇게 요모조모 다시 보게 하는
것이 이 채널의 매력이다.

구독자 62.5만 명

▶ 카테고리 : 인물
▶ 콘텐츠 타입 : 엔터테인먼트

추천영상

3년전.. 틱톡광고녀시절.. 돌아보기..
(조회수 1,809,115회, 2020. 5. 30.)

[틱톡] 틱톡찍는법 들고왔슈!!! - 기초편
(조회수 3,081,612회, 2018. 5. 30.)

옐언니

초딩 틱톡커들의 워너비

전 세계 20억 다운로드를 넘어선 틱톡의 인기가 심상치 않다. 15초 숏폼 영상의 틱톡은 2020년 1분기(1~3월)에만 3억 1,500만 다운로드를 기록하며 역대 모든 앱을 통틀어 분기 다운로드 최고 기록을 갈아 치웠다. 틱톡의 위력은 사용자의 70%가 24세 미만, 즉 밀레니얼 세대(MZ)라는 점에 있다.

초딩 틱톡커들에겐 '옐언니'가 워너비다. 평범한 대학생이었던 '옐언니'는 현재 580만 팔로워를 가진 국내에서 손꼽히는 틱톡커가 됐다. 그녀의 유튜브 채널은 틱톡의 문법과 유튜브의 문법이 어떻게 다른지 살펴볼 수 있다.

음악과 빠른 춤 등이 메인인 틱톡과 달리 유튜브에서 '옐언니'는 먹방, 게임, 춤, 옷 입기 등 요즘 10대들이 관심 가질 만한 콘텐츠로 다가간다.

'옐언니'의 유튜브에서 가장 인기 있는 콘텐츠도 단연 '틱톡 찍는 법'이다. 유튜버들이 유튜브를 어떻게 사용하는지 노하우를 공개하는 방식처럼 쉽고 재미있게 틱톡 사용법을 설명한다. 그녀처럼 미디어를 넘나드는 크리에이터들이 앞으로는 대세가 될 듯하다.

구독자 81.7만 명

▶ 카테고리 : 엔터테인먼트
▶ 콘텐츠 타입 : 스트리밍 편집

추천영상

[나혼자산다] 1년 넘게 꾸준히
'곱창대란'을 이끈 주역!
화사의 레전드 곱창 먹방!
(조회수 8,036,483회, 2019. 10. 28.)

[무한도전] 승합차로 속이다가
진짜 헬기 태워버린 태호피디 클라스
(조회수 9,671,611회, 2019. 12. 28.)

개미지옥 같은
시간 도둑 채널

잠깐 보다가 순식간에 시간이 날아가 버리는 채널. '오분순삭'은 수십 년간 방영됐던 MBC 예능 프로그램 중 하이라이트 장면만 편집해 영상을 업로드한다. 나름 편성표까지 만들어 유튜브에 새로운 영상을 공개 중.

전국민을 덕후로 만든 최고의 프로그램 <무한도전>부터 <나 혼자 산다>, <아빠! 어디가?>, <무릎팍도사> 등과 명작 시트콤으로 유명한 <지붕 뚫고 하이킥>, <거침없이 하이킥> 등을 보여주는데 그 중 가장 폭발적인 조회수를 보이는 건 역시나 <무한도전> 편이다.

<무한도전>은 종영한 지 2년이 지났음에도 계속 방영 중인 것처럼 댓글 반응이 핫하다. 한 편, 한 편 모두 명작인지라 짧은 하이라이트 영상이 올라오면 '000편도 올려 주세요. 000장면만 모아서 올려 주세요' 등등 지금도 보고 싶은 장면을 요청하는 댓글이 쏟아진다. 그냥 봐도 재미있는데 짧게 편집했을 때 그 재미가 더욱 강렬해지니 시선을 뗄 수 없다. 수십 년의 콘텐츠를 쌓아 둔 방송국들이 이런 식으로 유튜브에 진출해 콘텐츠를 장악해 가고 있다.

구독자 3.25만 명

▶ 카테고리 : 자동차
▶ 콘텐츠 타입 : 익스플레인, 리뷰

추천영상

늙은 테슬라 모델S의 상태를 확인하러
논스톱 부산행!
(조회수 58,906회, 2020. 7. 26.)

죽을뻔한 테슬라 모델X오너분..
(조회수 1,401,162회, 2020. 1. 6.)

자동차계의 애플, 테슬라의 모든 것!

이 채널의 메인 콘텐츠는 테슬라 전기차의 다양한 성능을 리뷰하며 직접 테스트하는 영상이다. 그외에도 다른 자동차 시승기나 IT 기기들, 카메라 등을 리뷰한다. 기본적으로 그는 전기차에 관심이 많다.

특히 '테슬라 오토파일럿'을 이용해 서울에서 부산까지 주행하는 영상은 이보다 자세할 수 있을까 싶을 정도로 꼼꼼히 리뷰하며 시청자들의 궁금증을 해소해 준다. 이어 테슬라 차량으로 차박을 하는 모습까지 담았다.

그는 기본적으로 테슬라 마니아지만 무조건 편을 들지는 않는다. 국내에서 테슬라의 바퀴가 빠진 사건이 생겼을 때는 영상을 통해 테슬라의 대처를 강력하게 항의하기도 했다.

더 나아가 테슬라라는 브랜드명에 푹 빠진 사람들을 위해 테슬라의 단점도 가감없이 알려 준다. 그런 모습 때문에 사람들이 그의 정보를 신뢰하는 것 같다.

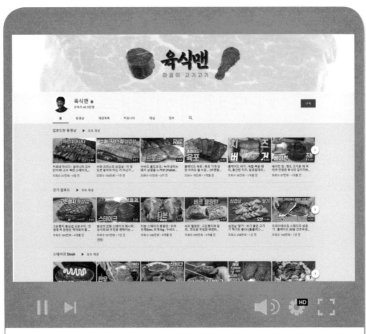

구독자 46.5만 명

▶ 카테고리 : 푸드
▶ 콘텐츠 타입 : 요리, 먹방

추천영상

고든램지 통삼겹 오븐구이: 인생에 꼭
한번은 먹어봐야 할 궁극의 식감요리
(조회수 3,650,525회, 2020. 5. 17.)

발상의 전환 스테이크 레시피 :
상식파괴! 무진장 편해지는 스테이크
굽기 (조회수 2,960,851회, 최초 공개:
2019. 8. 12.)

화난 표정 아님.
맛있어서 고기 맛 느끼는 중임

오로지 고기! 고기로만 승부를 본다! '육식맨'은 고기 없이 못 사는 육식주의자를 위한 요리 채널이다. 단순히 고기를 불판에 구워 쌈과 함께 입 안 가득 먹는 걸 상상해서는 안 된다. 세계 여러 국가의 다양한 고기 요리를 보여준다.

'육식맨' 채널에는 두 가지 특징이 있다. 첫 번째는 고기만 한 판 가득 요리를 한다는 것. 통으로 요리하는 영상을 보다 보면 나도 모르게 군침이 고인다.

두 번째는 시식을 하는 '육식맨'의 표정이다. 육즙 좔좔 흐르는 고기의 비주얼도 대단하지만 베스트 댓글의 반 이상이 그의 표정을 언급할 정도로 놓쳐서는 안 되는 키포인트다. 너무 맛있어서 화가 난다는 표정, 더 정확하게는 맛있어서 빡친다는 표정이 나온다. 그의 표정이 일그러질수록 반드시 시도해 봐야 하는 메뉴라는 것을 잊지 말 것.

또한 각종 고기 요리를 먹으면서 왜 그 요리가 탄생했는지, 어떻게 먹어야 맛있는지, 왜 이런 맛이 나는지 등을 설명하는데 육식 요리의 궁합을 제대로 알려줘서 저절로 고개가 끄덕여 진다. 마지막 맥주 한 잔에 '크하!'

구독자 50.4만 명

▶ 카테고리 : 인물
▶ 콘텐츠 타입 : 익스플레인, 하우투

추천영상

사격 국가대표/ 특전사 707 누나의
사격 대결/사격/클레이사격
(조회수 2,751,475회, 2020. 2. 15.)

여군특전사 707 동기를 소개합니다
(조회수 2,246,622회, 2019. 12. 13.)

빡센 실전
서바이벌 시작합니다

'은하캠핑'의 박은하 예비역 중사는 대테러부대로 알려진 707 특수임무단 출신이다. 자연을 훼손하지 않으면서 환경오염을 최소화하는 캠핑인 'Bushcraft'를 10년 넘게 해왔다. 특전사 출신이라는 이력은 군에서 배운 생존 기술을 캠핑에 결합해 콘텐츠를 제작하는 밑거름이 됐다.

전역 후 아이 셋을 키우며 취미로 캠핑을 하다가 유튜버로 변신해 마음껏 재능을 펼치고 있다. SBS <생활의 달인>에서 캠핑의 달인으로 나오기도 했다.

최근 유튜브에서는 <가짜사나이> 덕분에 흥행 키워드로 특수부대가 재조명됐다. '은하캠핑'에서도 캠핑 요리와 생존 기술에 대해 소개해 오다가 요즘은 사격, 호신술 등 여군 출신의 특장점을 살려 멋진 콘텐츠를 보여 주고 있다.

2020년 초에는 '특전사 707 전역자의 클레이사격'을 업로드했는데 조회수만 271만 회가 나올 정도로 인기를 끌었다. '은하캠핑' 콘텐츠의 특징은 여성 특전사들이 많이 나온다는 것. 멋진 데다 전투력까지 만렙이라니! 우리에게도 이런 멋진 언니, 누나가 있다는 게 자랑스러워진다.

구독자 30.1만 명

▶ 카테고리 : 건강, 운동, 스포츠
▶ 콘텐츠 타입 : 토크, 예능

추천영상

일주일 동안 삼겹살만 먹으면
살이 빠질까?
(조회수 1,675,185회, 2020. 1. 14.)

일주일 동안 시리얼만 먹어봤습니다.
시리얼 다이어트!
(조회수 698,675회, 2020. 7. 21.)

저 살 빼고 있는 것 맞습니다!

다이어트는 평생 해야 하는 것. 먹을 때도, 뺄 때도 다이어트 걱정이다. 현대인이라면 남녀노소 따질 것 없이 이런 걱정을 한다. '일주어터'는 딱 일주일간 다이어트를 하는 모습을 보여 준다. 그런데 뭔가 좀 이상하다.

일주일 동안 서브웨이만 먹기, 시리얼만 먹기, 컵누들만 먹기, 삼겹살만 먹기 등 과연 살이 빠질까 싶은 원푸드 다이어트를 보여 준다.

그래도 다이어트는 다이어트! 100kg 이던 그녀는 현재 97kg이 되었다. 그녀의 몸무게를 알 수 있는 이유는 영상에 모두 공개되기 때문.

그녀는 도전 중에 힘들면 힘들다고 솔직하게 말하고 개그로 승화시킨다. "이 콘텐츠를 못 보실 수도 있을 것 같아요. 너무 힘들거든요.", "지금 힘이 없어요.", "진짜 삼겹살만은 못 먹겠어요!" 등 솔직한 입담이 매력이다.

중간 중간 상황을 설명하며 터져 나오는 그녀의 꾸러기 표정과 깔깔깔 웃음소리를 듣고 있노라면 저절로 힐링이 된다. 호기심에 들어왔다가 영상 보는 내내 엄마 미소를 짓게 되는 채널.

구독자 68.5만 명

▶ 카테고리 : 인물
▶ 콘텐츠 타입 : 브이로그, 커버, 예능

추천영상

커버 - 뮤지컬 시카고
(조회수 5,850,271회, 2020. 2. 19.)

5개국어 작업멘트로 꼬셔보기
(조회수 2,500,199회, 2020. 4. 8.)

천의 목소리를 가진 유튜버, 임한올!

이 채널을 어떻게 정의해야 할까? 각종 재주를 몽땅 때려 넣은 보따리 같은 채널이다. '임한올'은 성대모사, 외국어, 가창력, 연기력 등 여러 재능을 지니고 있는 유튜버로 다양한 포맷의 영상을 업로드하고 있다. 대학교 재학 시절에 재미로 했던 게임 리그 오브 레전드(LOL) 캐릭터 성대모사로 주목을 받기 시작했다.

각종 인물, 캐릭터 성대모사, 승무원 롤플레이, 인공지능 안내 음성 내레이션 성대모사까지 귀를 의심하게 만드는 콘텐츠들로 가득하다. 성대모사 하나로 인기를 얻었을 만큼 그녀의 목소리는 독특하다. 다양한 포맷을 완벽하게 소화할 수 있었던 건 목소리와 함께 자신의 취향에 대한 격한 애정과 주변에 대한 관심 때문일 것이다.

대학 시절 시각장애인들을 위한 미술 작품 오디오 콘텐츠를 제작하는 캠페인에 합격해 활동한 이후로 줄곧 목소리를 통한 재능 기부에 참여해 왔다. 이런 재능으로 전시 작품의 오디오 가이드를 녹음하기도 하고 세바시에 강연자로 나오기도 했다.

구독자 21.6만 명

▶ 카테고리 : 인물
▶ 콘텐츠 타입 : 리뷰

추천영상

문복희 님의 먹뱉 의혹-논란 완벽 정리
(편집점 분석)
(조회수 2,503,072회, 2020. 8. 8.)

구독자 5만 명 기념 - 주작감별사의
정체
(조회수 1,609,069회, 2020. 1. 19.)

유튜브 세계의 정의구현가?

'전국진TV'의 주작 감별은 한 편의 추리극을 보는 것처럼 치밀하다. 그는 유명 유튜버의 영상을 보고 그 활동의 진실 여부를 분석한다. 진실을 증명해야 하기 때문에 영상 처음부터 자신을 제대로 소개하며 시작한다. 그리고 찾은 증거들을 하나씩 제시하며 영상이 주작인 이유에 대해 설명한다.

유튜브에는 갈수록 가짜 뉴스가 넘쳐 난다. '사망여우'가 기업을 대상으로 허위 광고를 고발하고 있다면 전국진은 유튜버들의 조작을 파헤치는 중.

전국진은 구독자 5만 명 달성 기념으로 자신을 소개하는 영상을 올렸다. 자신은 치킨가게가 잘돼서 젊은 나이에 큰 돈을 만졌고 지금은 관리하는 가게만 14개, 하루 순이익이 400만원, 한 달에 1억 원의 수익을 올린다고 자랑했다. 이 영상의 백미는 마지막이다.

"지금은 주작으로 말했지만 언젠가 현실이 되지 않을까 합니다."

주작 영상이 만들기 쉽다는 걸 역설적으로 보여준 것. 유튜브 주작 콘텐츠가 점점 증가하는 현실에서 전국진은 클린 방송을 원하는 이들에게 영향력을 미치고 있다.

구독자 14.9만 명

▶ 카테고리 : 인테리어
▶ 콘텐츠 타입 : 하우투

추천영상

공간크리에이터가 추천하는
주방 정리정돈 홈스타일링
(조회수 695,640회, 2020. 2. 14.)

전국에서 옷장정리 제일 잘하는 법?
꿀팁 대방출!
(조회수 642,999회, 2020. 3. 13.)

신박한 정리대마왕,
우리집에도 와주세요!

요즘 tvN 채널에서 조용히 인기를 끄는 방송이 있다. 신애라, 박나래, 윤균상이 의뢰받은 집을 확 정리해서 삶까지 바꿔 주는 <신박한 정리>가 그것이다. 그저 집안 정리를 해줬을 뿐인데 사람들이 감동 받고 울먹인다. 어떻게 정리를 해야 하는지 몰라서 자기 공간을 방치한 사람들이 그녀의 손길에 감탄하고 기뻐한다. <신박한 정리>에 나오는 정리 컨설턴트 이지영 대표는 공간마다 정리의 원칙을 알려 준다.

이 대표의 유튜브 채널은 정리에 관한 다양한 정보로 가득하다. 주방, 옷장 등 주부들이 골치 아파하는 공간을 깔끔하게 정리하고 스타일링까지 곁들어 보여 준다. 한편, 한 편 보고 나면 왠지 나도 정리왕이 될 것 같은 느낌이 든다.

유튜브는 자신만의 전문적인 콘텐츠를 영상으로 노출시키며 새로운 사업의 장으로 만드는 기회의 공간이기도 하다.

구독자 65.5만 명

▶ 카테고리 : 이슈, 정보, 뉴스
▶ 콘텐츠 타입 : 익스플레인, 리뷰

추천영상

마피아의 모든것 ① [아이리시맨]
역사 완벽 해석
(조회수 979,506회, 2019. 12. 11.)

조승연 작가의 인생을 변화시킨 시
(조회수 396,096회, 2020. 8. 7.)

학이시습지 불역열호
(學而時習之 不亦說乎)

'새로운 것을 배우는 일만큼 즐거운 게 있을까요?'

텔레비전에서 어느 날 홀연히 사라진 것처럼 보였던 조승연이 다시 나타난 곳은? 유튜브.

이 채널은 평소 그가 관심 있고 좋아하는 라이프스타일을 소개하고 비슷한 취향을 가진 사람들과 소통하고 싶어서 만든 채널이다. 워낙 언변이 뛰어난 줄은 알았지만 이렇게 유튜브 문법과 찰떡일 줄은 몰랐다.

그는 이전에도 다른 채널을 운영했었다. 하지만 반응이 없어 그만 뒀다는 슬픈 이야기. 그러다 다시 새로운 콘셉트로 2019년 8월에 유튜브를 시작했다.

그가 다시 유튜브를 시작한 이유는 방송의 틀에 갇힌 이야기 외에 직접 전하고 싶은 이야기가 있기 때문이다. 또한 피드백과 토론이 가능한 플랫폼이기 때문이라고.

그가 만든 콘텐츠는 주로 비하인드 스토리를 다루는데 사실 비하인드 스토리를 제대로 다루려면 다양한 인문학적 지식이 바탕이 되어야 한다. 그 부분이야말로 조승연 작가의 주특기이니 궁합이 잘 맞을 수 밖에.

구독자 36.1만 명

▶ 카테고리 : 건강, 운동, 스포츠, 엔터테인먼트
▶ 콘텐츠 타입 : 하우투, 익스플레인

추천영상

직장인 몸짱을 만들어준 운동방법
모두 공유합니다.
(조회수 326,625회, 2020. 2. 25.)

스쿼드 100kg를 100번하면 어떻게
될까?
(조회수 203,620회, 2020. 8. 7.)

운동하는 직장인.
누구나 할 수 있다!

일명 헬육아(헬스+육아) 전문 채널. 운동하는 직장인의 줄임말인 '운지기'가 직장에 다니면서도 몸 관리를 할 수 있는 방법을 알려 준다.

운영자 본인도 직장인이면서 대회에 입상하고 보디빌더 내추럴 프로까지 따는 성과를 이뤄냈는데 이것을 숨김없이 콘텐츠로 공개하고 있다. 대한민국 직장인의 현실을 알고 있기에 욕심내지 않고 꾸준히 관리할 수 있는 루틴을 알려 준다는 점이 매력적이다. 헬스를 처음 시작하는 헬린이들도 겁먹지 말고 도전해 볼 만하다.

이 채널에서 눈에 띄는 건 그가 '딸바보'라는 사실이다. 그래서인지 육아를 하면서도 몸 관리를 할 수 있는 자세를 알려 준다.

양손에 딸을 들고 운동하는 베이비 프론트레이즈, 딸을 백팩에 태우고 하는 100kg 스쿼트 등 딸과 함께 운동하는 콘텐츠가 정말 다양하다. 그러다 보니 헬스 채널이 아니라 육아 채널이 아니냐는 반응이 나올 정도로 인기 있는 콘텐츠가 되었다. 일을 핑계로, 육아를 핑계로 운동을 미루고 있다면 운지기를 보며 자극 받길!

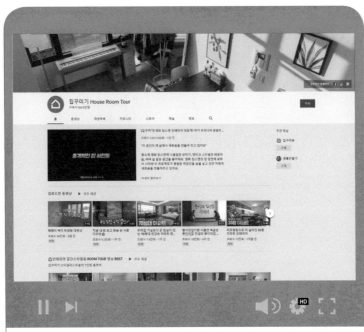

구독자 64.9만 명

▶ 카테고리 : 인테리어
▶ 콘텐츠 타입 : 하우투, 리뷰

추천영상

영화 킹스맨 인테리어 대공개!
여기 우리나라 맞음?! ㄷㄷ
(조회수 2,608,973회, 2018. 12. 3.)

25만원으로 포근한 원룸꾸미기
(조회수 107,919회, 2017. 11. 7.)

내 취향대로 꾸미며 산다!

밀레니얼 세대의 취미로 손꼽히는 것이 인테리어, 즉 집 꾸미기라고 한다. 돈 많은 이들의 취미로 여겼던 인테리어에 밀레니얼들이 왜 열광할까. 1인 가구가 늘어나고 있는 현재, 많은 밀레니얼들은 지금 내가 살고 있는 집에 초점을 맞춰 본인의 취향대로 꾸미는 것을 즐긴다고 한다.

이러한 관심은 인테리어 플랫폼 앱인 '오늘의 집'에서 뚜렷이 나타난다. 가입자만 750만 명에 육박하고 작년에 거래액만 1천억을 돌파했다.

'집꾸미기' 채널은 MZ 세대들의 취향과 니즈를 꿰뚫어보는 인테리어 콘텐츠를 만든다. 스타일리스트들이 꾸민 집들을 소개하면서 고객의 니즈에 맞춰 공간을 컨설팅하고 그에 맞는 제품도 소개해 직접 구입할 수 있도록 한다. 특히 1인 가구들을 겨냥한 원룸 꾸미기 콘텐츠가 알차다.

꿈에 그리는 '집꾸미기' 인테리어도 나오고 정해진 인테리어 예산에 맞춘 영상들도 소개된다. 유저들이 콘텐츠를 활용해 브랜드 팬덤을 어떻게 만들어 가는지 확실히 보여 준다.

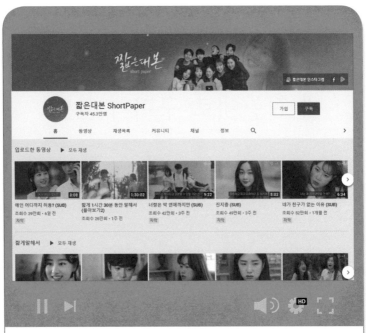

구독자 45.3만 명

▶ 카테고리 : 드라마
▶ 콘텐츠 타입 : 드라마

추천영상

사람 질리게 하는 연애 종특
(조회수 5,453,961회, 2019. 10. 9.)

'가희' 편 서브스토리 EP 1.(SUB)
(조회수 329,634회, 2018. 7. 20.)

진짜 대학생들 이야기를 담은 요즘 웹드

'짧은대본'은 요즘 쏟아지는 웹드 속에서 비주얼 멤버나 극적인 연애 이야기 없이 대학생들의 일상을 그대로 반영해 좋은 반응을 얻고 있다. 평범하고 현실적이어서 오히려 특별한 웹드라마 채널이다.

'짧은대본'의 카테고리는 웹드라마 주인공 캐릭터로 구분한다. 지난 5월에는 '시영' 편이 MBC M에서 방영되기도 했다. '가희', '진원' 편에 이은 '짧은대본'의 세 번째 시리즈로 여대생 시영이 남자 친구 병운과 6년 넘게 만나면서 겪는 갈등과 고민을 그려 냈다. 유튜브에서 선공개 돼 500만 뷰 넘는 조회수를 기록했다.

'짧은대본'의 황 피디는 자신이 대학 시절 겪었거나 친구들에게 들은 이야기에서 차용해 현실적인 이야기를 썼다고 말한다. 방송 일을 하면서 '짧은대본'을 제작하다가 반응이 좋아서 아예 회사를 차린 케이스다.

첫 영상인 '가희' 1편 촬영 장소는 진짜 사무실이었다. 책상을 구석으로 밀어 넣고 찍었다. 유튜브에 올릴 때도 비즈니스 채널이 아니라 개인 채널에 올릴 정도로 시작은 미약했다. 앞으로 새로운 웹드라마의 형식을 어떻게 만들어 갈지 기대된다.

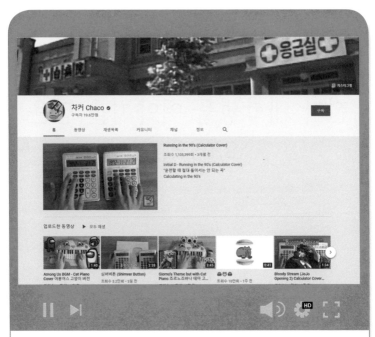

구독자 19.6만 명

▶ 카테고리 : 음악
▶ 콘텐츠 타입 : 커버

추천영상

관짝춤 계산기 버전
(조회수 2,631,699회, 2020. 4. 16.)

죠죠 5부 처형브금 계산기버전
(조회수 3,710,165회, 2020. 7. 23.)

차커 Chaco

계산기 효과음으로 물 만난 음악의 신

가끔 현관문 번호를 소리로 식별한다는 사람들이 있다. 전자키에는 각 숫자마다 고유의 소리가 있다. 핸드폰도 그렇고 전자계산기도 그렇다. 전자계산기?

분명 커버 음악을 들려주는 채널인데 악기가 없다. 첫 화면에 전자계산기만 가득! 그래도 오해하지 마시길. 이 채널은 수학 채널이 아니라 분명 음악 채널이다.

초기에는 피아노 커버, 심영물(심영과 야인시대 캐릭터들이 등장하는 패러디 영상)을 주로 올렸다. 그러다 우연히 전자계산기로 커버곡을 치면서 점차 전자계산기 커버곡이 메인에 오르기 시작했다. 장르도 무한대, 커버곡도 무한대로 확장된다. 왠지 오락실 음악 같기도 한 전자계산기 커버곡은 한 번 들으면 중독성이 강해 귀에서 계속 맴돈다. 비의 '깡', 모여라 동물의 숲의 '나비보벳따우' 등 수많은 노래를 계산기 버전으로 만들어 공개했다.

구독자 13.4만 명

▶ 카테고리 : 이슈, 정보, 뉴스 & 인물
▶ 콘텐츠 타입 : 브이로그

추천영상

공무원 관짝춤(Coffin Dance) | 관짝
밈 | feat. 생활 속 거리두기
(조회수 4,026,575회, 2020. 5. 19.)

가짜, 가짜사나이
(조회수 339,919회, 2020. 8. 4.)

시청 공무원의 B급 감성,
충주시 특산물 '홍보맨'

'충TV'는 저예산 느낌이 팍팍 나는 B급 스타일의 영상 퀄리티를 차용했지만 내용은 전혀 B급이 아니다.

최신 유행 흐름에 뒤쳐지지 않는 콘텐츠에 선을 넘지 않는 홍보맨의 솔직함 두 스푼, 거기에 적당한 '충주시' 홍보 내용 한 스푼이 섞였기 때문이다. 이 완벽한 조합이 자칫 거부감이 들 수 있는 공공기관 홍보 영상을 매주 기다리게 되는 영상으로 만들었다.

'공무원 관짝춤, 관짝밈', '1일 1꿩(깡 패러디)', '가짜사나이 패러디' 영상을 보면 이 채널이 얼마나 최신 유행 흐름을 빠르게 받아들이는지 알 수 있다.

이외에도 파격적인 컨셉의 '국내 최초 시장실 리뷰', '공무원 낮잠 방송' 등 공공기관 채널에서는 쉽게 만들 수 없는 영상을 제작한다.

어떤 콘텐츠를 다루느냐가 중요한 것이 아니라 메시지를 놓치지 않고도 눈길을 끄는 콘텐츠를 만드는 것이 중요하다는 걸 알려 주는 채널.

구독자 15.1만 명

▶ 카테고리 : 패션, 뷰티
▶ 콘텐츠 타입 : 하우투

추천영상

62kg 대학생 9가지 돌려입기
개강룩부터 시험기간 코디까지!
(조회수 1,529,714회, 2019. 8. 30.)

통통 여름 원피스 5가지 룩북 코디,
수중촬영 시도해봤어요.
(조회수 35,684회, 2020. 7. 8.)

66-77 사이즈 생활밀착
패션 모델, 예뻐요!

보편적으로 '모델'이라고 하면 44사이즈를 소화하는 마른 체형을 상상하게 된다. 그와 반대로 플러스 사이즈 모델이라면 88사이즈 이상을 떠올린다. 그렇다면 그 중간 사이즈는? 실제 대한민국의 평균 체형인 66~77사이즈에 속하는 사람은 어떻게 옷을 코디해 입으란 말인가!

치도는 국내 1호 내츄럴 사이즈 모델이다. 대학생 개강룩부터 하객룩, 연말 파티룩, 커플룩 등 여성들이 실생활에서 바로 적용해 볼 수 있는 코디를 알려 준다. 편한 옷과 편한 생활에 대한 영상을 올리는데, 주목받는 영상은 룩북 콘텐츠다. 가벼운 이너웨어를 입고 본인이 준비한 코디를 소개한다.

최근에는 아주 독특한 콘텐츠를 업로드했다. '통통 여름 원피스 5가지 룩북 코디'인데 이 영상을 수중에서 촬영했다는 점이 독특하다. 유튜브 콘텐츠 아이디어는 끝이 없다는 것을 보여주는 영상이다. 다른 사람의 눈에 내 몸을 맞추려 하기 보다는 나를 사랑할 수 있는 마음을 가져보는 건 어떨까?

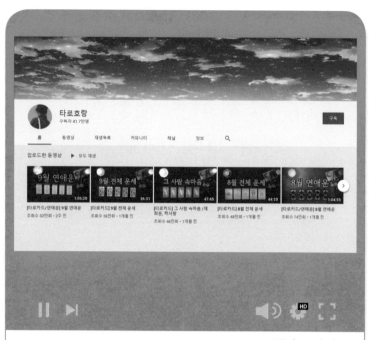

구독자41.7만 명

▶ 카테고리 : 엔터테인먼트
▶ 콘텐츠 타입 : 익스플레인

추천영상

8월 전체 운세
(조회수 485,748회, 2020. 8. 9.)

그 사람 지금 내 생각할까?
(조회수 609,512회, 2020. 5. 19.)

이번 달 내 운세는?
유튜브 유명 타로점집!

타로를 유튜브로 볼 수 있다고? 이미 많은 점집들이 상담 사례를 유튜브에 올려놓았다. 유튜브에 온갖 인간 군상들을 상담하는 점술가들이 점점 늘어나고 있다.

보통 타로 카드는 내가 직접 뽑아서 봐야 하는데 유튜브에서는 어떻게 구현되었을까? 이것이 궁금하다면 '타로호랑'의 채널을 보면 된다.

유튜브 타로 채널들은 '제너럴 리딩'으로 이뤄진다. 즉, 개개인을 일대일로 상담했던 기존 방식과는 달리 영상을 통해 불특정 다수를 상정해서 진행한다는 것이다. 따라서 '재미'로만 가볍게 받아들여야 함을 강조한다.

'타로호랑'은 여러 유튜브 타로 채널 가운데 단연 가장 인기 있는 채널이다. 이 채널은 주로 연애운, 재회운, 상대방 속 마음을 중점적으로 다루고 있다.

타로를 설명하는 영상마다 그녀는 차분하고 나긋나긋한 음성으로 풀이한다. 이런 담담함이 시청자에게 카드의 풀이 내용에만 집중할 수 있게 만들어 준다. 혼자 끙끙거리는 인생 고민이 있다면 '타로호랑'을 통해 위로 받아 보는 것도 괜찮지 않을까?

구독자 38.7만 명

▶ 카테고리 : IT
▶ 콘텐츠 타입 : 리뷰

추천영상

에어컨 제습이 전기세 더 낸다?
모르면 손해보는 에어컨 정보 6가지
(조회수 2,232,339회, 2018. 7. 25.)

갤럭시 노트 20 울트라 카메라 이슈
분석! 습기(결로), 먼지, 유격의 원인과
해결책?
(조회수 169,379회, 2020. 8. 16.)

착한 IT 리뷰어,
이 사람 말은 믿어도 될 듯해

FAAMG. 빅테크 5대 기업이다. 이들이 제공하는 서비스를 잘 활용하는 사람과 그렇지 못한 사람의 업무 생산성은 점점 차이가 벌어질 것이다.

요즘 대세가 된 IT 관련 이야기는 유튜브에서도 대중적인 콘텐츠 소재다. 테크몽은 정보기술(IT) 제품 리뷰를 주로 다룬다.

다른 IT 제품 리뷰 유튜버들과 테크몽의 차별점은 솔직함과 성실성, 그리고 믿어도 되겠다는 신뢰감이라고 볼 수 있다. 성실한 제품 리뷰와 함께 광고로 인해 포장하는 미사여구가 없다. 한마디로 착한 IT 리뷰어. 또한 제품 리뷰를 할 때 느낌만으로 영상을 만들지 않는다. 자신이 공부한 지식과 경험을 바탕으로 영상을 제작하려고 노력한다.

사실 테크몽은 네이버에서 아이티카노 블로그를 운영하며 월 700만 원을 버는 파워 블로거였다. 주작과 내돈내산 등 광고 논란이 있기 전, 네이버 블로그 활동에 대한 아쉬운 점과 소회를 털어놓으며 유튜브 활동에 매진하겠다는 진솔한 이야기를 구독자들에게 전하기도 했다.

구독자 8.02만 명

▶ 카테고리 : 일상
▶ 콘텐츠 타입 : 브이로그

추천영상

‘헤어’나올 수 없는 5평 원룸 브이로그
(조회수 247,200회, 2020. 7. 4.)

달님 여자친구가 생기게 해주세요 [1화]
(조회수 115,612회, 2020. 8. 9.)

갬성 가득한
청년의 일기 엿보기

풍삼이 갬성. 병맛인 듯 시인인 듯 피식 웃다가 가슴 한 구석이 뭉클해지는 내레이션이 돋보이는 채널이다. 일반 브이로그와는 다르다. 일상생활을 보여 주고 있지만 이 영상의 백미는 1인칭 주인공 시점 풍삼이의 내레이션이다. 마치 '일기장'처럼 "~을 했다. 재밌었다"와 같은 말투를 사용한다. 어릴 적 선생님한테 제출하고 '참 잘했어요' 도장을 받은 일기장 같은 느낌이랄까.

영상에서 느껴지는 강렬한 B급 감성도 놓쳐서는 안 된다. 고시원 생활부터 시작해서 현재 5평 원룸에 살고 있는 모습을 담고 있다. B급 감성 내레이션만큼 눈에 띄는 특징은 그의 살림 실력이다. 무심해 보이지만 꼼꼼하게 살림하는 그의 모습은 보통 자취러라고 하기엔 범상치 않다. 손길이 아주 야무지다.

수많은 유튜브 영상을 보면 '그들만의 세상'을 보는 것 같아 괴리감을 느낀다. 그럴 때는 풍삼이의 일기장을 함께 보자.

구독자 35.1만 명

▶ 카테고리 : 엔터테인먼트
▶ 콘텐츠 타입 : 예능

추천영상

[몰카]편의점에서 탈북민들의
비밀계획을 듣는다면?
(조회수 4,588,735회, 2019. 10. 8.)

[SUB]이태원클라쓰 안보는 친구
성대모사로 조지기
(조회수 2,348,184회, 2020. 3. 20.)

"열정! 열정! 열정!" 개그맨들이 설립한 열정 대학

유튜브 좀 봤다는 사람이라면 알고리즘을 통해 '탈북민 몰카 영상'을 접한 적이 있을 것이다. 편의점에서 일반인을 옆에 두고 유튜버 두 명이 탈북민인 척 연기를 하는데 터져 나오는 웃음을 참을 수 없는 몰래카메라 영상이다. 이 영상이 바로 '피식대학'에서 만든 것이다.

'피식대학'은 이용주, 정재형, 김민수 3명의 개그맨이 설립한 대학이다. 물론 유튜브를 하기 위한 컨셉이다. 어떤 영상이든 저절로 '피식~' 하고 웃게 만들겠다는 뜻. 주작이 난무하는 유튜브 세계에서 보기 드문 건강한 웃음을 주는 채널이라 할 수 있다.

'피식대학'이 제작한 영상에서 가장 공을 들이는 것은 현실 고증이다. 진짜 있을 만한 상황과 대화로 웃음을 주는 것이다. 특히 [한사랑 산악회] 영상은 특유의 중장년층 산악회 모임 특징을 그대로 녹여 내 웃음을 준다. 선을 지키면서도 웃음을 줄 수 있는 사람이야말로 웃음의 프로가 아닐까.

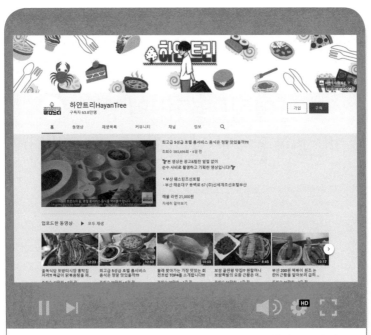

구독자 63.8만 명

▶ 카테고리 : 푸드
▶ 콘텐츠 타입 : 리뷰, 먹방

추천영상

직접 다녀온 최악의 음식,
식당 TOP4를 소개합니다!!
(조회수 3,083,346회, 2019. 10. 2.)

포항 최대규모 야시장!?
배터지게 먹고 왔습니다!!
(조회수 1,004,035회, 2019. 10. 14.)

62

하얀트리Hayan Tree

맛집이 궁금해?
하슐랭을 찾아봐!

진심이 느껴지는 맛집 리뷰어. 전국 각지의 식당들을 탐험하며 리뷰해 준다. 유명한 식당만 골라 가지 않고 시청자들에게 소개해주고 싶은, 소개해 볼만한 식당을 선정하여 방문한다. 한식, 양식, 중식, 일식 가리지 않고 도전한다.

요즘엔 맛집 리뷰 영상을 보면 '뒷광고를 받고 그럴듯 하게 리뷰를 포장해 주는 게 아닐까?' 하며 의심하는 경우가 많다. 하지만 그의 리뷰는 다르다. 가감 없이 평가한다. '어떤 부분이 아쉬워요.', '00메뉴를 먹는 건 추천하지 않을께요.', '생각보다 그냥 그럭저럭한 맛이네요.' 등등 맛이 없을 때는 과하게 포장하지 않으려고 한다. 유저들이 계속해서 그의 채널을 방문하는 가장 큰 이유 중 하나다.

맛집, 먹방 관련 콘텐츠를 하는 채널이 신뢰 받을 수 있는 비결에는 '솔직함'이 큰 몫을 할 것이다. 리뷰 믿고 먹어 봤다가 실망한다면 채널 자체가 성장할 수 없기 때문이다. 그런 면에서 하얀트리는 솔직하고 디테일한 표현으로 신뢰를 얻고 있다. '내돈내산'이 거짓이 아닌 채널 하나쯤은 구독해야 하지 않을까?

구독자 11.1만 명

▶ 카테고리 : 음악
▶ 콘텐츠 타입 : 스트리밍 편집

추천영상

듣자마자 반해버린 프랑스 노래
(조회수 4,048,386회, 2019. 12. 11.)

도브 찐팬이라면 이 노래는 알아야지.
(조회수 8,102회, 2019. 9. 13.)

63

하이디

다른 나라 음악에서 찾는 인생 띵곡

루마니아 노래 들어 본 사람? 멕시코 노래는?

콜롬비아, 독일, 프랑스 등 평소 관심이 없으면 접하지 못했을 음악을 소개하는 채널이다. 프랑스어와 스페인어 노래를 주로 소개해 주고 있다. 노래 가사까지 번역해 소개하는데 내용을 이해하면서 음악을 듣다 보면 가사와 멜로디가 잘 엮인 한 편의 음률시를 듣는 느낌이 든다.

'듣자 마자 반해버린 프랑스 노래' 영상에서 플로리나의 곡을 소개했는데 대박을 쳤다. 가수 플로리나가 직접 댓글을 달아 자신의 노래를 듣는 한국 사람들에게 감사하다고 인사를 남겼다.

"덕분에 좋은 노래를 알게 되었네요" 등 자신이 몰랐던 좋은 곡을 소개해 줘서 고맙다는 반응이 이어졌다. 듣자 마자 반해버린 프랑스 노래 시리즈가 자주 추천되는 편이다. 한 때는 K-POP 노래도 누군가 이렇게 소개해서 현재의 K-POP으로 자리매김 되지 않았을까.

* 채널 선정 이후 해당 채널이 비공개 전환되었습니다. 하이디님이 언제고 다시 유튜브에서 좋은 음악들을 소개해주기를 기대해 봅니다.

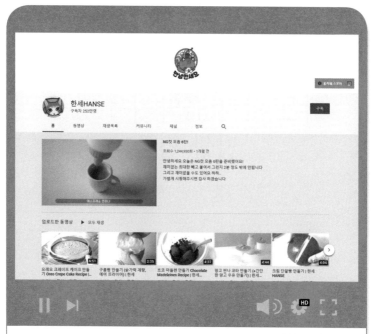

구독자 252만 명

▶ 카테고리 : 푸드
▶ 콘텐츠 타입 : 하우투, 요리

추천영상

마스카포네 티라미수 만들기
(조회수 13,467,270회, 2019. 3. 17.)

NG컷 모음 2탄 (+미공개영상)
(조회수 7,490,242회, 2018. 5. 15.)

홈카페,
ASMR의 환상적 콜라보

말없이 밀가루 반죽을 치대고 팬에 버터를 녹이는 모습을 찍어 올린다. ASMR이라기엔 소리가 너무 작지만 그녀의 영상을 보다 보면 요리할 때 생기는 작은 소리에도 집중하는 자신을 깨닫는다. 유리잔이 부딪히는 소리, 물 흐르는 소리, 얼음이 주는 시원한 마찰 소리 등은 마음을 편안하게 만들어 준다. 작은 소품 하나도 귀엽고 안전한 것으로 사용하는데 그게 더 친근하게 느껴진다.

한세 채널에서는 주로 디저트를 만든다. 그의 영상이 인기 있는 이유는 아기자기하면서 예쁘기 때문이다. 디자인이 잘 된 요리책 목차를 읽는 느낌이다. 또한 쿡방에 ASMR 콘텐츠를 더 해 눈과 귀가 즐겁다.

홈카페 음료를 제조할 때 다양한 컵과 소품을 사용하는데 다수의 구독자들이 소품 소개를 원해서 '홈카페 스토어'를 따로 운영 중이다. 단순한 제조 과정과 깔끔한 시각적 효과가 어우러져 홈카페를 꿈꾸는 이들에게 볼거리를 제공한다.

그의 NG 영상을 보면 수많은 실수 끝에 하나의 영상이 만들어 지는 걸 알 수 있다. 빼어난 영상 뒤에 숨겨진 허당미가 재미를 준다.

구독자 176만 명

▶ 카테고리 : 일상
▶ 콘텐츠 타입 : 브이로그

추천영상

처음 먹어본 계란요리 11가지
(조회수 7,247,801회, 2020. 4. 17.)

청소하고 싶어지는 영상 브이로그
(조회수 4,414,180회, 2019. 5. 31.)

킨포크 라이프, 브이로그를 보는 이유

'해그린달'은 평범한 주부와 가족의 브이로그를 콘텐츠로 올리는 채널이다. 재미있는 스토리나 캐릭터가 나오지 않음에도 이 브이로그를 보는 이유는 무엇일까. 비슷한 일상을 사는 타인의 삶에서 작은 위안을 얻기 때문이 아닐까. 평범하게 사는 개인과 일상적인 주제의 브이로그가 만나 좋은 시너지를 만들고 있다. 구독자들은 긴 호흡의 브이로그를 일상 속에서 틀어 놓고 다른 일을 하기도 한다. 내 일상의 배경으로 누군가의 일상을 틀어 두는 것이다.

'해그린달' 채널에는 영화 <카모메 식당>이나 잡지 <킨포크> 같은 감성이 묻어난다. 주부이자 엄마이자 아내인 '나'의 삶을 살고 있는 그녀는 자신의 생활을 차분하게 이야기한다. 보고 있노라면 그런 가정을 꾸미고 싶고 그런 공간에서 쉬고 싶다. 같은 공간이라도 계절에 따라 섬세하게 달라지는 느낌을 '열두달' 카테고리에 담았다. 조금은 쉬어 가고 싶을 때 이 영상을 보자. 댓글에 한국인보다 외국인들의 반응이 더 많은 것도 특징.

구독자 29.6만 명

▶ 카테고리 : 인물
▶ 콘텐츠 타입 : 브이로그

추천영상

어버이날 특집* 요즘 핫한 오뚜기
레시피를 맛본 오뚜기 회장님의
반응은?!
(조회수 2,439,473회, 2020. 5. 8.)

딸 VS 사위* 오뚜기 회장님의 선택은?!
사위야 나야 아빠?
(조회수 1,573,235회, 2020. 5. 22.)

재벌 3세라는 편견을 깨는, 사랑스러운 성실함

재벌 3세라니 진짜 별나라 사람이잖아.

그런데 약간 이상하다. 그녀의 채널은 우리가 생각하는 재벌 3세의 모습과는 좀 달라 보인다. 자신의 일상을 재미있게 꾸미고 있는 신혼의 발랄한 여성이 보인다.

이 채널에는 당연히 '오뚜기 제품'을 활용한 요리와 '햄연지'의 일상이 나온다. 영상에 표시되어 있듯 '햄연지'는 샌드박스 소속 크리에이터. 아이템 선정과 진행이 초보 유튜버 같지는 않다. 그럼에도 영상 곳곳에 그녀의 소탈함이 잘 드러나고 있다. 신혼부부이자 뮤지컬 배우로서 '햄연지'의 일상들을 소개하고 덤으로 오뚜기 제품도 홍보하고 있다.

얼마 전에는 6년 열애 끝에 결혼한 회사원 남편을 공개했다. 뮤지컬 배우로서 어떻게 살아가는지 소개하는 콘텐츠에서는 그녀의 또다른 모습을 카멜레온처럼 보여준다. 앞으로도 다양한 에피소드를 공개할 예정. 셀럽 크리에이터로서 그녀의 활동이 기대된다.

구독자 8.86만 명

▶ 카테고리 : 이슈, 정보, 뉴스
▶ 콘텐츠 타입 : 익스플레인

추천영상

과거로 가도 말이 통할까? - 한국어의
변화
(조회수 2,318,643회, 2020. 2. 6.)

[제주어 배우기] 문자 - 자음과 모음
(조회수 30,264회, 2019. 7. 6.)

얄리얄리얄라셩
신기한 역사언어학의 신세계

전문적인 콘텐츠는 사람들에게 어느 정도 호응을 받을까? 유튜브에서는 먹방, 게임, 브이로그만 통할까? 이에 대해 제대로 답해줄 수 있는 채널이 바로 '향문천' 채널이다. 이름도 생소한 역사언어학을 소개하고 있다. 더 놀라운 건 이런 채널에 구독자가 무려 8만 명이 넘는다.

예를 들어 과연 우리가 세종대왕 시대로 갔을 때도 말이 통할까? '향문천'은 한중일 언어의 변화를 통해 그 궁금증을 해소시켜 준다. 결론은? 절대 알아듣기 힘들다! 타임머신을 타고 그 시대로 갔다면 우리는 언어부터 다시 배워야 할 것이다.

그는 '과거로 가도 말이 통할까?'라는 영상에서 현대 언어부터 과거 언어까지 한국어, 중국어, 일본어를 낭독하는데 실제로 장음, 단음의 변별점을 세심하게 구별해 낸다. 언어적으로 천부적 재능을 갖고 있는 것 같다는 찬사와 함께 그 시대 사람이 살아서 말하는 것 같다는 댓글도 있다.

국어과 전공도 아니고 취미로 운영하는 채널이라고 하기엔 공력이 만만치 않다. 이런 전문적인 채널들도 유튜브에서 인기를 끌 수 있다는 것을 명심하자.

구독자 104만 명

▶ 카테고리 : 인물
▶ 콘텐츠 타입 : 인터뷰, 커버

추천영상

미쳤다 이건 신세계야!! 헨리가 처음
경험하는 가야금을 들고 나타난 15살
국악 천재!
(조회수 3,772,853회, 2020. 7. 14.)

프란츠 리스트의 환생?! 10살 피아노
천재의 미친 속주에 경악한 헨리?!
(조회수 1,543,584회, 2020. 6. 23.)

헨리 Henry Lau

글로벌 노마드와 함께 하는 리얼 천재들의 콜라보!

그의 본명은 헨리 라우. 캐나다 사람이며 부모님은 중국계다. 헨리는 중국도 캐나다도 아닌 한국에서 활동한다. 국경의 제한 없이 활동하는 글로벌 노마드의 전형이다. 재능이 많아서 만능 엔터테이너라는 별명을 갖고 있다. 실제로 그가 다룰 수 있는 악기는 10여 개 정도나 된다고.

이런 재능을 가진 헨리가 독특한 컨셉의 유튜브를 시작했다. 나이 어린 음악 천재들과 콜라보 연주를 하는 것. 영상에서 헨리는 피아노, 가야금, 기타, 바이올린 등 각 부분의 어린 천재들과 함께 즉흥적으로 연주를 한다. 헨리는 시종일관 아이들의 연주를 뒷받침하며 배려하고 감탄하는 모습을 보인다. 또한 평범한 사람들과 다른 재능을 가진 아이의 고민을 함께 풀면서 그 아이의 존재 자체를 존중한다.

[헨리의 같이가치]는 같이함의 가치를, 그리고 남과 다른 자신만의 능력을 보여주는 채널이다. 헨리를 통해 인정받고 격려 받으며 앞으로 조금 더 자유롭게 날아갈 수 있을 것이다.

그런 모습을 유튜브로 지켜볼 수 있다니 얼마나 멋진 일인가!

구독자 52.3만 명

▶ 카테고리 : 음악
▶ 콘텐츠 타입 : 커버

추천영상

디즈니 메들리2 커버
(feat. 수현 of AKMU)
(조회수 5,117,826회, 2020. 4. 3.)

겨울왕국2 메들리 (feat. 이희주)
(조회수 6,066,030회, 2020. 1. 8.)

참나, 이 정도 실력으로는 세계적인 그룹밖에 될 수 없어요!

장르를 불문하고 어떤 음악적 표현도 목소리로 연출할 수 있는 보이스그룹 (VOICE GROUP) '엑시트'. 결성된 지 12년이나 된 장수 밴드다. 단순히 음성을 조합하는 아카펠라가 아니라 노래를 새롭게 해석해서 표현하는 그룹이다.

5명의 남자가 K-POP, J-POP, 팝송 등 다양한 장르의 음악을 오직 목소리만으로 완벽하게 소화한다. 각종 악기 소리를 베이스로 표현하는 멤버들의 재능은 놀라울 정도이다.

수많은 커버 곡 중 단연 돋보이는 영상은 '디즈니 메들리 시리즈'와 '겨울왕국2 메들리'. 단언컨대 한 번 감상하면 무한 반복하게 될 것이다. 종종 여성 보컬을 초대해 노래를 부른다. 최근에는 악동뮤지션의 수현이 '디즈니 메들리2'에 참여했다. 유튜브 음악 플레이리스트를 갖고 있다면 반드시 추가해 봐야 할 채널.

구독자 70.6만 명

▶ 카테고리 : 영화
▶ 콘텐츠 타입 : 리뷰

추천영상

조폭과 싸이코패스가 엘리베이터를
탔다!
(조회수 6,785,529회, 2019. 12. 6.)

35년간 계단에 갇혀 살았던 형사…!
(조회수 2,696,264회, 2019. 12. 21.)

영화보다 재밌는
시바견의 병맛 리뷰

뭐지, 이 병맛 같은 리뷰는?

사람처럼 주절주절 말하는 이 시바견은 채널 '9bul'의 트레이드마크다. 인간처럼 말하는 시바견 캐릭터가 흥미로운데 이는 안면 인식 프로그램인 '페이스리그'를 사용한 것이라고.

영화 리뷰는 유튜버들이 좋아하는 콘텐츠다. '9bul'은 그 많은 영화 리뷰 중 '병맛 리뷰'라는 컨셉을 잡았다. 마치 친한 동네형 같은 말투로 영화와 드라마를 이해하기 쉽게 리뷰한다. 영화영상학과 출신답게 영화에 대한 정보가 풍부하다.

리뷰 중간 중간에 드립처럼 시바견의 시각으로 영상을 분석하는데 말이 안 되고 엉뚱해도 그 부분이 이 채널의 웃음 포인트다. 두 시간 짜리 영화를 보는 대신 10분 ~20분짜리 리뷰를 더 즐기는 요즘 밀레니얼 세대에게 친근하게 다가가는 채널이다.

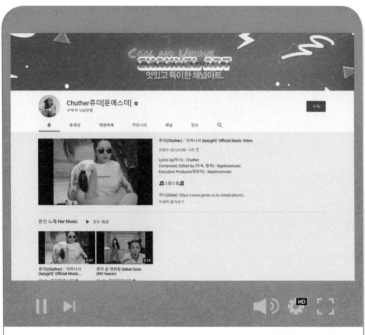

구독자 126만 명

▶ 카테고리 : 음악
▶ 콘텐츠 타입 : 커버, 익스플레인

추천영상

블랙핑크(BLACKPINK) - HOW YOU LIKE THAT 모창 버전! (조회수 8,426,704회, 2020. 7. 22.)

Into the Unknown 흑화st cover (조회수 4,256,471회, 2019. 12. 5.)

Chuther츄더[문에스더]

인간 복사기,
프로 모창러 츄더!

유튜브에는 인간 복사기가 존재한다. 바로 탄탄한 가창력을 지닌 프로 모창러 츄더이다. 그녀가 하는 모창은 단순히 '따라 하고 있다'라기 보다는 해당 인물을 삼켜 버린 듯 그 사람화 해 버린다. 보통 모창은 자기와 가장 비슷한 음색을 지닌 가수를 선택하는데 츄더에게는 해당되지 않는다. 외국가수, 한국가수 애니메이션 속 캐릭터 목소리까지 모두 소화해 낸다.

그녀는 모창할 때 창법을 분석하는 능력이 아주 뛰어나다. 특히 한국인만 이해할 수 있을 법한 독특한 표현으로 사람들의 고개를 끄덕이게 만든다. 예를 들면 "화사님은 아주 굵은 고구마가 있으시네요. 일명 삐죽 고구마 창법이죠", "솔라님은 까마귀 소리가 있어요. 들뜬 까마귀 창법!" 등 츄더만의 방식으로 분석한다. 저세상 표현력 같은데 듣고 있으면 설득이 되는 신기한 분석이다. 얼마 전 츄더는 <귀차나서>라는 음원을 내고 진짜 가수로 데뷔했다. 노래 가사도 재미있다. 가수 데뷔를 못한 이유가 성형과 다이어트 요구가 우선인 가요계 현실에 '귀찮아서' 데뷔를 하지 않았다는 것. 126만 팔로워 츄더의 음원이 어느 정도까지 올라갈지 궁금하다.

구독자 15.3만 명

▶ 카테고리 : 금융, 재테크
▶ 콘텐츠 타입 : 익스플레인, 인터뷰, 하우투

추천영상

성과급 40억 스캘퍼의 회고[1]
(조회수 565,370회, 2018. 10. 19.)

돈이 우리 삶을 결정하고 있다
(조회수 14,328회, 2018. 8. 12.)

투자, 이렇게 해야
제대로 합니다!

인터파크 도서에서 2020년 2월 1일부터 7월 15일까지의 도서 판매량을 보면 재테크와 투자 관련 도서 판매량이 전년 동기간 대비 93% 늘었다. 베스트셀러 10위권 내 의 절반을 재테크 서적들이 휩쓸었다. 재테크 도서의 인기는 2년 사이 급성장한 유튜브 경제 채널의 영향력과도 맞물려 있다. 신사임당을 비롯해 슈카월드, 삼프로 TV 등이 올린 재테크 콘텐츠는 수십만 뷰를 기록하고 있다.

Julius Chun은 2008년 키움증권에 선물옵션 트레이더로 입사해 7년 동안 펀드매니저와 트레이더로 일한 경력이 있다. 억대 인센티브를 받던 회사를 35세에 그만두고 일반인을 위한 투자솔루션을 개발해 핀테크 기업인 두물머리의 창업자가 됐다. 그는 유튜브 채널에서도 일반인들이 쉽게 접근 가능하고 올바르게 투자할 수 있는 콘텐츠를 주로 업로드한다. 실제 현업에서 정점을 찍은 유튜버의 이야기에 사람은 모두 고개를 끄덕이게 된다. 투자업 전체의 체질 개선을 이루는 것이 그의 궁극적인 목표라고.

구독자 72.9만 명

▶ 카테고리 : 패션, 뷰티
▶ 콘텐츠 타입 : 익스플레인, 하우투

추천영상

이제 울지 마세여.. 망한머리대회 보고
온 첫 번째 손님 (with 봉순님)
(조회수 8,696,232회, 2020. 5. 6.)

고객님.. 어디까지 잘라드릴까요??
[일곱짤 최대고민 예콩이]
(조회수 2,122,294회, 2020. 7. 7.)

망한 머리 걱정하지 말 것! 기우쌤이 해결한다

미용실에 갔다가 머리 망해서 나온 경험이 한 번씩 있을 것이다. 이럴 때 해결책은 머리가 길 때까지 버티거나 아니면 되돌아가서 한바탕 하거나?

내게 잘 어울리는 머리를 알아서 해주는 '인생 미용사'를 찾는 사람이라면 주목하라. 'kiu기우쌤'은 현재 유튜브에서 가장 핫한 헤어디자이너 채널이다. 직접 머리를 하는 모습은 물론 집에서 셀프로 머리를 다듬는 방법까지 알려준다.

채널 영상 중에서 가장 반응이 좋은 건 '망한 머리 대회' 카테고리다. 실제 머리를 망친 사례자들이 와서 어울리는 머리로 변신하는 영상을 보여 준다. 특히 머리를 롤 빗으로 빗다가 단단히 엉켜 버린 사람의 머리를 복구시키는 영상이 인상 깊다. 엉킨 머리를 이틀에 걸쳐 풀어내는 기우쌤의 집념과 실력이 돋보이다.

스타일링 팁을 알려주는 콘텐츠도 조회수가 높다. 기우쌤이 남자인만큼 주로 남성을 대상으로 셀프 스타일링하는 방법을 영상에 담았다. 그루밍에 관심있는 남성이라면 기우쌤의 영상을 보며 입문해 보길.

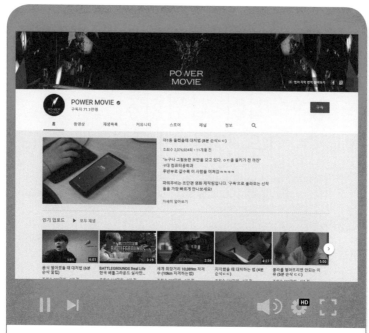

구독자 71.1만 명

▶ 카테고리 : 영화
▶ 콘텐츠 타입 : 영화

추천영상

야1동 들켰을때 대처법 (8분 순삭ㄷㄷ)
(조회수 2,367,864회, 2019. 10. 5.)

음식 떨어졌을 때 대처법
(6분 순삭 꿀팁)
(조회수 8,239,806회, 2018. 8. 11.)

단편영화에 담긴 응축된 힘

'파워무비'는 초단편 미디어 콘텐츠 제작팀이다. 그들은 상상하는 모든 것을 다양한 장르의 영상으로 제작한다. 유승엽 감독을 중심으로 제작되는 단편영화들은 고퀄리티 영상물과 기발한 아이디어가 담긴 내용들로 탄탄한 팬덤을 보유하고 있다. '파워무비'는 영화, 액션, 판타지 등 장르 불문하고 시청자들이 편하게 볼 수 있는 짧은 영상으로 인기를 끌고 있다.

조회수 500만 회를 기록한 '음식 떨어졌을 때 대처법', '이과 대 이과', '남과 북' 등이 파워무비의 대표적인 작품이다. 유승엽 감독은 2013년부터 '파워무비'라는 활동명으로 고등학교 친구들과 꾸준히 단편물을 제작해 왔다.

'세상을 부셔 놓고 파편들을 다시 맞춰 보면 늘 다른 형태를 띤다'는 것이 파워무비 연출의 철학이다. 모든 영상들이 하나의 스토리로 이어지고 하나의 세계관으로 통일된다. 방송국이나 극장 시스템에 의존하지 않고도 자신의 구독자들에게 정기적으로 영상을 보여줄 수 있는 독립적인 시스템. 예전부터 콘텐츠 창작 진영에서 시도하는 포맷인데 충분히 가능하다는 것을 파워무비가 보여주고 있다.

구독자 125만 명

▶ 카테고리 : 건강, 운동, 스포츠
▶ 콘텐츠 타입 : 토크, 익스플레인

추천영상

박지성이 우리 팀에 일일용병으로
나온다면? (100%리얼)
(조회수 10,422,202회, 2018. 9. 8.)

안정환 45m 한강횡단슛, 공 궤적 보소
(조회수 11,988,158회, 2016. 3. 15.)

축덕의 원픽(One pick) 채널! 기부는 덤~

축덕이라면 누구나 구독을 눌러 놓은 채널. 안정환, 박지성, 손흥민, 차범근, 이승우, 신태용, 이동국 등 축구 선수와 감독들이 참여하는 콘텐츠들로 가득하다. 그런데 이 채널이 무슨 채널인지 아시는지? '슛포러브'는 축구 경기를 중계하거나 멋진 골장면 을 보여 주는 채널이 아니다.

원래 '슛포러브'는 사회적 기업 비카인드(be kind)가 축구인들과 함께 소아암 환아들 을 후원하기 위해 시작한 캠페인이다. 축구도 즐기고 기부도 할 수 있는 유튜브 채 널을 만들었는데 구독자가 폭발했다!

'슛포러브'는 '축구'로 할 수 있는 모든 콘텐츠를 다루고 있다. 축구를 통해 기부에 참 여할 수 있기에 축구 선수는 물론 구독자들도 꼭 미션이 성공했으면 좋겠다는 동기 를 부여한다. 퍼네이션의 가장 큰 성공 사례 중 하나이다.

경기 분석하고 토크만 하는 축구 영상이 지겹다면, '축구로 이런 영상을 뽑아내?' 라는 생각이 저절로 들게 만드는 '슛포러브' 채널을 찾아 보라. 한층 레벨업된 조기 축구회 멤버가 될 수 있다.

구독자 52.6만 명

▶ 카테고리 : 푸드
▶ 콘텐츠 타입 : 하우투

추천영상

슈가슬라임으로 방탄소년단
'정국' 쿠키 사탕피규어
(조회수 17,180,312회, 최초 공개:
2020. 3. 24.)

[설탕공예 ASMR]어벤져스 타노스
인피니티 건틀렛 수제사탕 만들기!!
(조회수 870,820회, 2018. 5. 6.)

Team_SeikaTV(팀세이카)

이 방송에 나오는
온갖 캐릭터의 재료는?

설탕 공예 채널이다. 설탕 맛 과자에는 관심이 없어도 그 제작 과정만큼은 중독적이다. 설탕 공예는 케이크 장식 등에 많이 쓰이는데 동경제과학교 출신 졸업생들이 이를 이용해 다양한 캐릭터를 선보이고 있다

처음에는 사탕 캐릭터나 꽃 등 사탕 작품을 만들다가 2020년부터는 방탄소년단 '슈가' 등의 사탕 피규어나 큐피트 화살 사탕, 사탕 벚꽃 나무 등 다양한 모형 캐릭터를 만들고 있다. 더 나아가 제작과정 ASMR 등으로 콘텐츠를 확장했다.

관련 업계 사람들이나 선물을 만들고 싶은 사람들도 많이 찾아보지만 사탕을 좋아하지 않는 사람이더라도 사탕 제작 과정을 멍하니 보게 될 정도로 재미있고 신기하다. 우울할 때, 달달한 것을 찾고 싶을 때 보면 좋은 채널.

구독자 11.8만 명

▶ 카테고리 : 이슈, 정보, 뉴스
▶ 콘텐츠 타입 : 익스플레인

추천영상

모나리자와 함께 하룻밤을 보내다
(조회수 24,117회, 2020. 8. 19.)

CG를 안 썼다는 애플 에어팟 광고
(조회수 1,869,783회, 2019. 6. 30.)

마케팅 읽어주는
남자가 소개하는
광고 뒷이야기

매 순간 광고들이 쏟아진다. 한 편의 광고가 만들어지기 위해서 수많은 사람들이 협업을 하고 메시지를 만든다. WLDO(Who Letta Dogs Out)는 이런 해외 이슈와 마케팅 트렌드를 빠르고 감각적으로 소개한다.

채널 운영자는 실제로 해외 담당 마케터라고 한다. 그가 리뷰하는 대부분의 광고가 해외 광고이다. 관련업계 종사자답게 각 콘텐츠의 제목 카피도 깔끔해서 저절로 클릭을 부른다.

그의 콘텐츠는 브랜드 캠페인이 어떤 방식으로 진행되는지 짧은 영상과 설명으로 풀어주기 때문에 계속 연결해서 보고 싶다. 아이디어 고갈에 고민하는 마케터나 마케팅 광고 회사를 준비하는 대학생이라면 필독해야 할 채널.

2020년 소개된
유튜브 크리에이터들은
어떤 변화를 가져왔을까?

우선 많은 유튜버들이 공중파로 진출했다. 슈카월드의 슈카는 회사를 그만두고 유튜버의 길로 들어섰으며 여러 재테크 관련 방송에서 게스트로 활동하고 있다. 신사임당은 tvN의 <유 퀴즈 온 더 블럭>에 출연해 자신의 성공 노하우를 소개했으며 같은 방송에 출연한 카걸의 경우 뒷광고 논란으로 결국 영상을 모두 비공개로 돌려야 했다. 산적TV 밥굽남은 <온 앤 오프>에서 성시경과 함께 먹방 방송을 했으며 요요미는 트로트 열풍과 함께 <6시 내고향> 고정 게스트로 얼굴을 알리고 있다. <과나>의 노래 스타일은 유노윤호가 선전하는 커피 CF송으로 확장되기도 했다.

유튜브의 영향력이 커지면서 방송에서 다양한 크리에이터를 자신의 콘텐츠로 흡수하기 시작했다. 특히 유명 유튜버들은 자신만의 채널 구독자, 즉 시청률을 확보해줄 수 있는 팔로우를 갖고 있기 때문에 방송에서도 윈윈할 수 있는 섭외 대상으로 생각하는 듯하다.

역으로 <놀면 뭐하니?>와 '채널 십오야'는 방송 미디어가 어떻게 유튜브 채널을 활용하는지 보여 주었다. 라이브 방송을 활용하거나 뒷이야기나 풀버전 등의 형식으로 방송에서 보여 주지 못했던 다양한 영상 콘텐츠를 보여주고 있으며 이를 통해 방송 콘텐츠의 외연을 확장했다.

대형 유튜버들의 경우 리얼리티 콘텐츠를 만들어 엄청난 인기를 끌기도 했다. 피지컬갤러리의 <가짜사나이> 콘텐츠는 기존의 1인 크리에이터의 콘텐츠에서 확장되어 공중파의 예능 프로그램 같은 규모와 인기를 보여주었다. 또한 <가짜사나이>에 출연한 훈련교관이 방송에서 같은 포맷으로 출연 중이기도 하다.

이런 변화를 보면 유튜브와 방송은 서로 분리된 영역에 아닌, 상호 빈 공간을 채워주고 교차 협업으로 시너지가 대폭 높아지는 가능성을 여실히 보여주었다. 2020년에 소개된 77명의 크리에이터들의 변화를 함께 체크하며 유튜브의 변화를 살펴본다.

2020 유튜브 채널, 1년 후 모습은?

씨로켓리서치랩이 <유튜브 트렌드 2020>에
'주목할 만한 크리에이터 77개'를 골라서 게재한 기획의 취지다.
유튜브를 통해 우리 사회의 한 단면을 '스냅샷(Snap Shot)'처럼 함께 보고,
그 내용을 기록하고, 나아가 해마다 그 추이를 살펴보는 것은
나름의 의미가 있겠다고 생각했다.
1년이 지난 시점, 77개의 채널에는 어떤 변화가 있었을까.

채널들 대부분이 꾸준히 성장했고 일부는 압도적으로 뛰어오르기도 했다. 하지만
몇몇 채널들은 변화의 흐름을 제대로 못 따라가며 하락세를 거듭 중인 곳도 있고
'뒷광고 논란'을 포함해 사회적 이슈로 떠오르며 아예 채널을 닫은 경우도 있었다.
세부 맥락은 차치하고 '주목할 만한' 의미의 오름과 내림세를 이용자 기반의 변화,
즉 구독자 수 증감을 통해 간단히 짚어 보았다.

특기할 점은 방송과 온라인의 교류 증대가 채널 기반 확대에 영향을 많이 미친 부
분이다. 1년 사이에 구독자가 2배 이상 증가한 채널은 공중파 프로그램이 유튜브로
확장된 케이스이거나, 해당 크리에이터가 공중파에 진입해 인지도를 쌓은 경우가
제법 많았다.

book in book

	채널 이름	제목	2020 구독자	2021 구독자	비고
1	강과장	한 남자의 독특한 힐링 V-log	12.7만 명 ▲	19.8만 명	
2	과나	브금 중독 금지! 아 참, 요리 영상이지!!!	16.6만 명 ▲	43만 명	2배 이상 증가
3	근황올림픽	예전에 유명했던 그들의 근황	15.8만 명 ▲	38만 명	2배 이상 증가
4	금강연화	헤어스타일의 가치를 높이다	44.9만 명 ▲	60.2만 명	
5	긱블	쓸모없는 작품만 만든다! 하지만 그 안의 과학은 진짜다!	41.7만 명 ▲	58.8만 명	
6	김덕배 이야기	삼류 마이너 인류학자가 본 세상 이야기	26.1만 명 ▲	29만 명	
7	김성회의 G식백과	게임계 NO.1 지식백과	37.7만 명 ▲	51.8만 명	
8	김진우	진우의 홀로서기, 그리고 아버지의 마음	1.57만 명 ▲	10.4만 명	5배 이상 증가
9	까레라이스TV	우리가 몰랐던 그 바닥	15.4만 명 ▲	29.4만 명	2배 가량 증가
10	꽈뚜룹	"꽐루! 샌프란시숫코 앳써 온 꽈뚜룹 입니다"는 한국인	73.7만 명 ▲	115만 명	100만 명 달성
11	놀면 뭐하니?	놀면 뭐하냐고? 함께 놀아 보자고!	32.7만 명 ▲	84만 명	2배 이상 증가
12	다흑님	이색 동물들의 다정한 큰 형	50.6만 명 ▲	65.6만 명	
13	닥터프렌즈	병원에서 하지 못하는 의학 상담, 유튜브에서 한다	43.6만 명 ▲	63.8만 명	

🔍 **2020 유튜브 크리에이터 77의 변화**

	채널 이름	제목	2020 구독자	2021 구독자	비고
14	달마발	맑은 목소리의 싱어와 가면을 쓴 수수께끼의 남자가 들려주는 본격 기분전환 J-pop	34.6만 명 ▲	49.6만 명	
15	닷페이스	뉴미디어 탐사 보도의 선구자, 새로운 상식을 만드는 미디어	19.2만 명 ▲	22.2만 명	
16	대한민국 정부	공공기관이 '살아있다' 대한민국 정부	21.8만 명 ▲	25.7만 명	
17	데일리뮤직	대중음악이 저세상 텐션 장인을 만날 때	19.1만 명 ▼	17.6만 명	
18	디렉터 파이	뷰티업계의 분석왕	74.4만 명 ▲	85.2만 명	
19	디스커버리 채널 코리아	이야, 여기 편집 맛집이네	60만 명 ▲	113만 명	100만 명 달성
20	디에디트	사는 재미로 살아가는 그녀들의 폼 나는 리뷰	16.6만 명 ▲	23.5만 명	
21	먹어볼래	편집과 연출이 이렇게 중요합니다	40만 명 ▲	77.2만 명	
22	미미미누	미친 텐션, 미친 강의력, 미친 5수생	9.64만 명 ▲	18.8만 명	2배 이상 증가
23	박가네	옆집 사는 교토대 나온 형	10.2만 명 ▲	27.1만 명	2배 이상 증가
24	비슷해보이즈	비슷한 콘텐츠는 많지만, 이들의 매력은 독보적이다	50.1만 명 ▲	50.7만 명	
25	빠니보틀	이게 가장 현실적인 세계여행 혼행러의 모습이지	23.8만 명 ▲	48만 명	2배 이상 증가
26	사나고	'3D펜 크리에이터 = 사나고' 의 공식	170만 명 ▲	271만 명	

	채널 이름	제목	2020 구독자	2021 구독자	비고
27	산적TV 밥굽남	살아있는 임꺽정의 먹방	38.6만 명 ▲	121만 명	3배 이상 증가
28	소련여자	국뽕 코인 탑승 완료	56.4만 명 ▲	108만 명	100만 명 달성
29	슈카월드	아들이 내가 잘 모르는 금융을 물어보았다	34.1만 명 ▲	88.2만 명	2배 이상 증가
30	신사임당	젊은 친구, 돈 벌고 싶으면 신사답게 행동해. '신사'임당	35.8만 명 ▲	103만 명	100만 명 달성
31	야생마TV	자비 없는 인생, 무자비한 멘션	17.9만 명 ★	비공개	영상조작사건/ 사과문
32	얄리의아재 비디오	분명 봤는데 끝은 기억 안 나는 옛날 그 만화	8.93만 명 ▲	15.9만 명	2배 가량 증가
33	얌무	초대형 핸드메이드 먹방 유튜버	86.6만 명 ▲	106만 명	100만 명 달성
34	여락이들	지구상에서 여행을 가장 재밌게 하는 두 여자	42.1만 명 ▲	56.6만 명	
35	오마르의 삶	비주얼에서 먹고 들어가는 인생 철학자	33.3만 명 ▲	55.7만 명	
36	요요미	255번 반복 재생을 하게 되는 마법	14.9만 명 ▲	28.6만 명	2배 가량 증가
37	용호수 스튜디오	크리에이터들의 크리에이터	14.4만 명 ▲	16.5만 명	
38	우왁굳의 게임방송	10년의 전통을 지닌 스트리머	74.8만 명 ▲	105만 명	100만 명 달성
39	웃튜브	기업들이 고객과 소통하는 방식의 최신판	1.03만 명 ★	비공개	

2020 유튜브 크리에이터 77의 변화

채널 이름	제목	2020 구독자	2021 구독자	비고
40 유튜브랩	유튜브의 유튜브 연구소	10.1만 명	▲ 13.3만 명	
41 이모르	힘이 들 땐 하늘을 보는 대신 그림을 그려야 합니다	13.5만 명	▲ 18.6만 명	
42 이연	공대생도 그림을 취미로 갖게 만드는 능력	27.8만 명	▲ 45.7만 명	2배 가량 증가
43 입금완료	감성 브이로그 크리에이터들의 모델	18.8만 명	▲ 19.9만 명	
44 입질의추억TV	회를 딱히 좋아하는 건 아닌데 계속 보게 돼	14.5만 명	▲ 44.3만 명	3배 증가
45 자이언트 펑TV	EBS를 구원하러 온 취준생 펭귄, 펭수	52.8만 명	▲ 205만 명	4배 증가, 200만 명 달성
46 장삐쭈	병맛 더빙의 선구자이자 지도자	200만 명	▲ 261만 명	
47 조나단	한국인 같은 외국인, 외국인 같은 한국인	19.7만 명	▲ 24.2만 명	
48 주부아빠	IT 업계 직원이었던 아빠의 주부 유튜버 도전기	7.55만 명	▲ 8.85만 명	
49 진석기시대	배스와의 전쟁, 배스로 다 만들어 먹는다!	14.2만 명	▲ 28만 명	2배 증가
50 채널 십오야	나영석 PD가 직접 진행하는 유튜브 방송 이라니!	96.8만 명	▲ 221만 명	2배 이상 증가, 200만 명 달성
51 총몇명	이 채널 모르면 인싸들과 대화하기 불가	210만 명	▲ 228만 명	
52 침착맨	왜 보는지 모르겠는데 이미 보고 있어	56만 명	▲ 77.7만 명	

	채널 이름	제목	2020 구독자		2021 구독자	비고
53	케인 TV	땡깡도 개성	15만 명	▲	19.2만 명	
54	콕TV	웹드 시조새	126만 명	▲	152만 명	
55	클템 유튜브	분명 전직 프로게이머였는데 프로 방송인이 되어버렸어	34.6만 명	▲	39만 명	
56	포크포크	내 주변 세상에 지칠 때, 제목만 봐도 짜릿한 바다 건너 이야기들	52.5만 명	▲	78.3만 명	
57	피지컬갤러리	근손실, BTS… 모른다고? 이 영상부터 시작!	177만 명	▲	276만 명	200만 명 달성
58	하개월	농인의 얘기를 전하는 농인 유튜버	1.07만 명	▲	1.34만 명	
59	한문철TV	과실 비율 몇대~~몇!	33만 명	▲	79.9만 명	2배 이상 증가
60	한예슬is	막 그렇게 심오하진 않아. 나이도 예쁘게 들어가고 싶어	51.8만 명	▲	82.8만 명	
61	해물파전TV	목소리에 흠칫, 태도에 감탄, 긍정에 까무러침	40.5만 명	▼	39만 명	
62	CARGIRL	네, 여기부터는 다른 세상 얘기입니다 ^^	10만 명	★	영상내림	논란 이후 유튜브 중단
63	dxyz	두 여자가 휘두르는 리듬, 유머, 크리에이티브, 그 삼박자의 어울림	5.16만 명	▲	5.59만 명	
64	EO	스타트업 덕후가 스타트업 미디어를 만들었으니 이게 바로 덕업일치	9.95만 명	▲	27.5만 명	3배 증가

🔍 **2020 유튜브 크리에이터 77의 변화**

	채널 이름	제목	2020 구독자	2021 구독자	비고
65	haha ha	금손 시골 청년의 반 강제 집사생활	43만 명 ▲	86.5만 명	2배 이상 증가
66	HOZZAA2	B급 병맛 광고 제작의 정석	43만 명 ▼	27만 명	2배 가량 감소
67	JM	재미진 멘탈갑	33.6만 명 ▲	38.7만 명	
68	KIMDAX 킴닥스	찐텐 HUSTLE LIFE 킴닥스의 열정. Docx	52.7만 명 ▼	49.2만 명	
69	KOREAN DIASPORA KBS	공영방송에서만 할 수 있는 유튜브 방송이란	9.91천 명 ▲	3.94만 명	3배 이상 증가
70	LeoJ Makeup	젠더리스 뷰티 유튜버	39.1만 명 ▲	43.7만 명	
71	Loud G	게임계의 와썹맨(?)을 키워낸 채널	15.9만 명 ▲	40.8만 명	2배 이상 증가
72	MACHO MAN(마초맨)	한국산 맥가이버	12만 명 ▲	16.9만 명	
73	sellev.	특별한 셀럽들의 특별한 인터뷰 영상	16.5만 명 ▲	17.6만 명	
74	SBS KPOP CLASSIC	지금 바로 접속 가능한 타임머신	18만 명 ▼	17.9만 명	
75	Skim On West	글로벌 고퀄 영상 작업의 모든 것	9.19천 명 ▲	2.64만 명	2배 이상 증가
76	TV생물도감	어릴 적 곤충채집의 추억	18.9만 명 ▲	33.1만 명	
77	U.M.A우마	자타 공인 캐치앤 쿡	72.2만 명 ▲	87만 명	

2021
Connect-ability

PART 04

마케터가 알아야 할
씨로켓 인사이트 3

디지털 기반의 콘텐츠 마케팅에 대한 컨설팅 그룹인 씨로켓리서치랩에서는 매주 뉴스레터 발행과 더불어 씨로켓 살롱을 통해 미디어와 콘텐츠 관련 다양한 정보를 전달하고 있다. 이중 현직 마케터들이 참고할 만한 인플루언서 마케팅과 미디어 커머스, 구독 모델에 대한 현황 정리와 함께 활용할 만한 유용한 정보를 소개한다.

C-ROCKET INSIGHT 1 _ 인플루언서 마케팅 A to Z
C-ROCKET INSIGHT 2 _ 미디어 커머스의 넥스트는?
C-ROCKET INSIGHT 3 _ 구독경제 전성시대

성공 확률을 높이는 콜라보 방법부터
'뒷광고 논란'을 예방하는 방법까지

인플루언서 마케팅 A to Z

인플루언서(influencer)는 소셜미디어에서 활동하는 일반인 중에 팔로어 기반이 탄탄하고 타인에게 영향력을 미칠 수 있는 사용자를 지칭하는 표현으로 쓰이기 시작했다. 그런데 최근에는 가수와 탤런트, 개그맨 등 이미 인기를 얻은 유명 연예인이 SNS 채널을 열고 크리에이터로 데뷔하는 사례가 늘면서 인플루언서의 범위가 확장되고 있다.

현 시점에서 인플루언서를 다시 정의해 보면 '디지털 미디어에서 타인에게 영향력을 미치며 그들에게 잘 소비되는 콘텐츠를 제작하는 창작자이고 충성도 높은 팔로워를 보유한 셀럽인 동시에 콘텐츠를 유통하는 플랫폼을 통해 자신의 메시지를 전달하는 이'라고 할 수

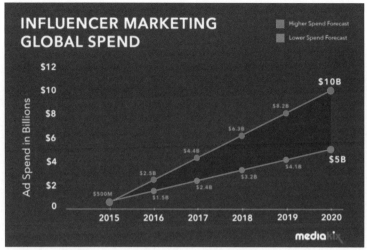

자료출처 : mediakix.com

있다. 흔히 크리에이터와 인플루언서란 표현이 혼용되기도 한다. 이를 엄밀하게 구분하자면 인플루언서는 영향력을 기반으로 수익을 추구하는 사람, 즉 조금 더 상업성이 가미된 표현으로 이해할 수 있다.

> **인플루언서의 특성**
> 1. 디지털 소비자가 선호하는 창의적인 콘텐츠 제작자
> 2. 디지털 네이티브 소비자가 지지하는 셀럽
> 3. 유튜브, 인스타그램 등에서 다양한 구독자를 보유한 (스스로가) 플랫폼

Z세대의 셀럽, 인플루언서

인플루언서 마케팅 분석 업체인 미디어킥스(MediaKix)와 KOTRA 보고서 등에 따르면 인플루언서 마케팅 시장 규모는 2016년 17억 달러,

2017년 30억 달러로 추산되며 2020년에는 최대 100억 달러(약 10조 6,000억 원)에 달할 것으로 전망된다. 인플루언서 마케팅 에이전시의 설립과 관련 투자도 증가 추세다.

디지털 시대의 소셜미디어는 누구나 콘텐츠 소비자이면서 생산자가 될 수 있다. 더불어 쌍방향 소통이 가능한 환경을 제공한다. 이러한 미디어 환경 속에서 사람들과 대화하고 공감하는 등 소통 역량을 발휘, 이용자 기반을 넓힌 이들이 바로 인플루언서다.

인플루언서는 이용자들에게 친근한 이미지를 창출하여 사회적 거리감을 좁히고 새로운 커뮤니티 문화를 일궈간다. 이런 '친근감'과 '신뢰도'가 인플루언서의 영향력을 높이는 배경이 된다.[1]

요즘 인플루언서 마케팅 트렌드는?

기업의 콘텐츠를 인플루언서를 통해 오디언스에게 전달하는 사례가 꾸준히 늘고 있다. 인플루언서 마케팅 및 미디어 커머스라고 불리는 새로운 흐름이다. 특히 최근 광고계에서는 마이크로 인플루언서에게 집중하고 있다.

인플루언서 마케팅 업체 마컬리에 따르면 인스타그램 상에서 마이크로 인플루언서에 대한 반응률이 매크로나 메가 인플루언서에 비

---

1. '친근감'과 '신뢰도' 중 하나만 무너져도 영향력은 반감된다. 인플루언서 위기 관리가 필요한 이유다.

해 훨씬 높은 것으로 드러났다. 즉 일정 수 이상의 팔로워를 넘으면 오히려 '좋아요'나 댓글 참여율이 낮아진다는 것이다. 팔로워 규모가 만 명에서 10만 명 사이의 인플루언서가 고객 반응과 도달 범위에서 최고의 조합을 보여준다는 연구 결과가 나오기도 했다.

인플루언서와의 협업은 어떤 방식으로 이루어질까?

현재 인플루언서와의 협업 방식은 크게 두 가지로 나뉜다.

첫 번째는 기업이 전하려는 스토리를 소비자에게 대신 전달해 주는 '커뮤니케이터' 역할의 방식이다.

이제는 기업의 메시지를 광고를 통해 일방적으로 전하는 방식은 소비자와의 커뮤니케이션 효과를 기대하기가 어렵다. 앞으로는 기업의 브랜드 스토리를 재미와 유익함 등의 가치와 함께 소비자에게 풀어나가는 콘텐츠 형태가 마케팅의 보편적인 방식이 될 것이다.

이용자들과 친숙한 관계를 형성하고 있는 인플루언서는 콘텐츠를 통해 메시지를 전하는 '전달자'의 역할로 적임자다. 많은 기업들이 인플루언서를 활용한 마케팅 캠페인이나 광고를 집행 중이다.

여기서 주의할 점은 인플루언서의 성격과 기업이 광고하려는 제품의 성격이 잘 매칭되는지 살펴야 한다는 점이다. 뿐만 아니라 해당 인플루언서와 관계를 맺고 있는 구독자들의 성향이 제품과 매칭되는지도 살펴야 한다. 또한 광고임을 정확히 고지하되 광고 콘텐츠조차도 매력을 느끼게 하는 콘텐츠 기획이 무엇보다 중요하다.

두 번째는 소셜 커머스와 아마존에서 유행하는 사례처럼 인플루언서를 '판매자'로 활용하는 방식이다. 이미 라이브 방송 등을 활용해 많은 인플루언서들이 제품 판매자로 활동 중이며 실제 광고 모델로 활동하는 경우도 있다. '판매자'로서 인플루언서의 강점은 제품과 서비스의 특성을 소비자 눈높이에 맞춰 소개하고 판매까지 연결해주는 파트너의 역할을 한다는 점이다.

인플루언서와 협업을 하면서 꼭 기억해야 할 대전제가 있다. 콘텐츠를 제작하고 배포할 때 해당 인플루언서와 이용자 간의 쌍방향으로 소통되는 맥락을 잘 살려야 한다는 점이다. 그러기 위해 무엇보다도 콘텐츠에 진정성이 바탕이 되어야 하며 이용자와의 소통이 잘 설계되었는지 끊임없이 체크해야 한다.

아직까지 인플루언서 마케팅은 단발성으로 그치는 경우가 많다. 효과적인 소통과 함께 새로운 비즈니스 생태계를 구축하기 위해서는 파트너십의 관점에서 인플루언서와의 협업을 기획하는 것이 필요하다. 더 나아가 인플루언서와 중장기적인 협력관계를 만들어 가는 것도 고려해 볼 만하다. 이는 비용 절감 차원에서도 고려해야 할 부분이다. 인플루언서 협업 마케팅의 실행 전과정에 걸쳐 발생하는 '소통 및 관리 비용'이 일회적으로 집행하기엔 제법 부담스러울 수 있기 때문이다.

인플루언서 마케팅 준비 : 타깃, 플랫폼 선정, 뷰어 성향

본격적인 인플루언서 마케팅에 들어가기 앞서 우선 세 가지를 체크해야 한다. 이는 특정 인플루언서를 컨택하기 전에 기업의 마케팅 목표를 정확하게 세우는 과정이다.

1. 핵심성과지표(KPI), 오디언스 타깃, 예산 목표 정리하기 | 일단 어떤 핵심성과지표를 달성할 것인지 명확히 한다. 잠재 고객에 대한 도달 범위와 조회수, 참여도, 클릭수, 공유수, 실제 판매수치 등 다양한 지표를 검토한다. 그 다음 오디언스 타깃을 구체적으로 잡는다. 타깃을 정하는 과정은 인플루언서 검색과 선정에서도 중요한 참고점이 된다. 예산은 크리에이터의 영향력에 비례해 증가한다. 적절한 인플루언서를 매칭하는 것이 예산 효율성에서 중요한 과제가 된다. 다만 콘텐츠 제작과 매체 집행이 함께 이루어지는 인플루언서 마케팅의 특성 상 기존 전통매체 광고모델에 비해 아직까지는 비용 측면에서 효율성이 높은 편이다.

2. 플랫폼 선정 및 캠페인 일정 설정하기 | 인스타그램과 페이스북의 콘텐츠는 뷰티-패션, 여행-장소, 웰빙-푸드 콘텐츠가 강세이다. 유튜브는 게임-엔터테인먼트, 뷰티-패션, 패밀리-키즈 콘텐츠가 인기다.

기업은 어느 플랫폼에서 자사의 캠페인을 진행할 것인지 결정해야 한다. 각 플랫폼별 포맷과 연령대에 따라 오디언스, 참여도, 실구매 여부 등에서 차이가 있기 때문이다. 또한 마케터는 최고의 효과를 낼 수 있는 시점 등 캠페인 방법론의 다양한 요소들도 함께 고민해야 한다.

인플루언서 마케팅을 하나하나 직접 챙기고 운영하는 것이 부담스럽다면 대행사나 MCN을 활용할 수도 있고 인기 유튜버 등 인플루언서를 추천해 주는 플랫폼 서비스를 이용해 볼 수도 있다.

3. 인플루언서, 콘텐츠, 뷰어 성향을 고려하기 | 섭외하려는 인플루언서의 성향과 집행해야 할 콘텐츠 성향, 그리고 콘텐츠를 보는 뷰어들의 성향을 종합적으로 검토해 인플루언서를 선택한다.

인플루언서 성향은 그 개인의 매력도와 역량, 평판을 가리킨다. 기존에 업로드된 콘텐츠와 시청자 댓글을 모니터링 하면 어느 정도 확인이 가능하다. 구독자가 많은 인플루언서라도 브랜드가 추구하는 방향과 맞지 않는다면 피하는 것이 좋다.

콘텐츠 성향은 인플루언서가 제작하는 콘텐츠의 톤앤매너(편집 역량)와 창의성(기획 역량), 실제 행동 유발 유무 등을 말한다. 인플루언서 성향이 브랜드와 맞더라도 원하는 퀄리티나 소재를 소화하기 어려운 경우가 발생할 수 있다. 콘텐츠 안에 브랜드를 얼마나 잘 녹여서 구매 유도 등 원하는 성과를 낼 수 있는지 잘 살펴봐야 할 요소다.

같은 인플루언서가 만든 콘텐츠라도 시청층이 각각 다르거나 여성과 남성의 시청 비율이 다른 경우도 있다. 이런 사항은 인플루언서 전문 플랫폼에서 확인 가능하다. 인플루언서가 기존에 진행했던 캠페인 사례를 사전에 검수하는 것이 리스크를 줄이는 방법이다.

마지막으로 뷰어들의 성향을 살펴봐야 한다. 뷰어들의 성별, 나이, 취향, 충성도를 확인하는 것이다. 팬들에게 실제 어떤 영향력으로 어떤 액션을 이끌어낼 수 있는지 분석한다. 댓글을 다는 충성 팔로워의 성향과 내용을 살펴보는 것도 좋다.

인플루언서 찾기 : 직접 찾거나 전문대행사 혹은 플랫폼 활용하기

인플루언서 마케팅을 진행할 때 가장 중요한 첫 번째 단추는 '적합한 인플루언서 찾기'다. 각 기업에 맞는 적합한 인플루언서는 어떻게 찾을 수 있을까?

가장 확실한 방법은 직접 검색하는 것이다. 대부분의 소셜미디어 플랫폼은 개인 프로필 계정을 검색해 찾기가 가능하다. 진행하는 캠페인의 키워드를 입력하고 필터를 사용해 검색 결과 범위를 좁힌 후 적합한 인플루언서를 찾아볼 수도 있다.

두 번째는 브랜드 공식 소셜미디어 계정 팔로워 리스트를 직접 확인해 보거나 SNS 랭킹 툴을 활용해 도움을 받을 수 있다. 소셜블레이드(socialblade.com)라는 사이트는 전세계 유튜버의 순위를 보여준다. 한국의 유튜버 순위도 250위까지 무료로 찾아볼 수 있다.

세 번째는 인플루언서 마케팅 플랫폼이나 전문 대행사를 활용하는 것이다. 비용이 들지만 시간 절약이 가능하다는 장점이 있으며 인플루언서 마케팅 플랫폼마다 자체 필터링 기능을 제공하여 좀더 세밀한 매칭을 가능하게 해준다.

국내 주요 인플루언서 마케팅 플랫폼 리스트 27

채널 이름	특징	사이트
블링	'유튜버 검색 엔진'을 표방하는 인플루언서 마케팅 플랫폼. 게임빌 공동창업자이자 CTO 출신이 창업해서 만든 서비스.	vling.net
더에스엠씨	소셜미디어에 특화된 콘텐츠를 제작. 10여 년간 블로그와 SNS 등을 커버.	thesmc.co.kr
데이터블	인플루언서 마케팅 서비스 '해시업', 인플루언서 분석 서비스 '해시업랩' 제공.	datable.co.kr
공팔리터	SNS 기반 마케팅 플랫폼. 미국, 중국, 태국 등 10개국 진출.	ko-kr.08liter.com
레뷰	옐로 스토리의 인플루언서 마케팅 플랫폼. 블로거 기반으로 시작, 해외도 진출.	biz.revu.net
리뷰플레이스	블로거와 광고주를 연결해주는 마케팅 플랫폼.	www.reviewplace.co.kr
링크마인	모바일 퍼포먼스 앱 마케팅 플랫폼.	www.linkmine.co.kr
마켓잇	인스타그램 중심의 인플루언서 자동화 마케팅 플랫폼.	www.marketit.asia
미디언스	인플루언서 마케팅 플랫폼. 해시태그LAB, 인플루언서 LAB 운영.	www.mediance.co.kr
뷰티의 여왕	'디너의 여왕'이 만든 뷰티 전문 체험단 플랫폼.	bqueens.net

브릭씨	인플루언서 큐레이터 플랫폼. '선발형 캠페인'과 '선착순 캠페인' 집행 가능.	brick-c.com
서울오빠	중소상공인 전문 중개 플랫폼.	www.seoulouba.co.kr
셀럽리뷰	패션에 특화된 인플루언서 마케팅 플랫폼.	celebreview.kr
셀리스토리	글로벌 인플루언서 마케팅 서비스.	cellystory.com
스마트포스팅	성과를 분석해 광고비를 책정하는 퍼포먼스 마케팅 플랫폼.	smartposting.co.kr
애드릭스	SNS로 캠페인을 홍보해 수익 창출. CPI와 CPA, CPS 광고 서비스 가능.	www.adlix.co.kr
애드픽	성과형 인플루언서 마케팅 플랫폼. 일반인들이 참여 가능.	adpick.co.kr
유캐스트	유튜브 크리에이터 마케팅 플랫폼. 한국 미국 등 6개국 유튜브 Top 30 정보 제공.	www.youcast.co.kr
유커넥	애드테크(AD Tech)를 접목한 MCN 마케팅 자동화 플랫폼.	uconnec.com
다이아픽	DIA TV의 광고주-창작자 매칭 솔루션.	diapick.cjenm.com
잇플루언서	빅데이터 기반 인플루언서 매칭 플랫폼.	www.itfluencer.co.kr
클링크	인플루언서 마케팅 플랫폼.	c-lnk.com
태그바이	공동구매를 인플루언서와 진행. 팔로워 수를 부풀리는 '어뷰징'을 걸러 낸다.	www.tagby.kr
텐핑	광고주와 1인 퍼포먼스 마케터들을 연결해 주는 애드테크 플랫폼.	tenping.kr
픽업	브랜디드 콘텐츠 마켓 플레이스.	www.picup.kr
빅펄	유튜브 인플루언서 마케팅 플랫폼.	www.bigpearl.io
피처링	인플루언서 마케팅 플랫폼.	featuring.co

인플루언서 마케팅 실행 : 비용부터 콘텐츠 게시까지

기업의 마케팅 캠페인 목표에 적합한 인플루언서를 찾았다면 그 다음 과정은 섭외와 비용에 대한 협의, 그리고 콘텐츠 방향에 대한 논의 등이 들어가게 된다. 각각의 과정에서 마케터가 알아 두어야 할 사항을 살펴보자.

1. 세부사항과 비용 정하기 | 인플루언서의 제안서에 명시되어 있거나 혹은 이전 사례에 집행했던 금액 등을 참고해 캠페인에 진행 가능한 액수를 미리 염두에 두고 제안하는 것이 좋다. MCN에 문의하거나 관련 서비스 플랫폼을 활용하는 방법도 있다. 예를 들어 인플루언서 전문 검색엔진 '블링'(Vling)은 데이터 기반으로 각 인플루언서 별 예산 추정치를 제공하기도 한다.

2. 콘텐츠 기획 및 타협점 찾기 | 크리에이터와 함께 콘텐츠를 제작할 때는 기획 단계부터 적절한 타협점을 찾는 협의가 필요하다. 또한 합리적 제작 기간과 업로드 시점 등을 설정해야 한다. 여기서 '타협점'이라 함은 발주자의 '가이드라인'과 크리에이터의 '자율성' 사이에서 균형 맞추기를 뜻한다.

일반적으로 발주자인 기업과 브랜드는 자신들의 '가이드라인', 즉 지침을 하달하는 방식을 선호한다. 반면에 크리에이터들은 스스로 자율성을 갖고 기획 및 제작을 진행하길 원하는 경우가 많다. 콘텐츠를 기획할 때는 상호간 신뢰와 합의가 매우 중요하다. 기업은 최소한의 키 메시지와 브랜드 가이드만 전달하고 콘텐츠 제작을 인플루언서에게 위임할 때 목표하는 성과에 도달할 확률이 높다.

3. 검수, 수정 협의 및 게시하기 | 검수 과정에서는 인플루언서가 만든 콘텐츠에 브랜드 메시지가 잘 녹아 들었는지, 제품이 제대로 설명되었는지 등을 확인한다. 필요한 경우 수정요청을 통해 보완해야 하는데 요즘 이 수정 과정에서 논란과 갈등을 빚는 경우가 종종 생긴다. 기업에서 인플루언서의 성향에 맞지 않는, 과도하거나 무리하게 여겨질 수 있는 요구를 하는 경우가 있기 때문이다. 이를 예방하기 위해 계약서 상에 수정 횟수와 수정가능 사항을 규정하는 경우도 많다.

기업과 브랜드는 어떤 캠페인을 하든 비용 대비 성과 창출에 대한 고민을 갖고 있다. 그러다 보니 인플루언서에게 과도한 간섭을 하게 되는 경우가 많다. 하지만 인플루언서 마케팅은 그 인플루언서의 성격과 스타일에 맞춘 광고가 집행되어야 효과가 제대로 발휘된다. 콘텐츠 스타일이 맞지 않는다면 인플루언서 찾기 단계로 돌아가서 기업의 메시지에 정확히 부합하는 인플루언서를 찾는 것이 중요하다.

인플루언서 마케팅 체크 : 모니터링 및 콘텐츠 지표 수집

인플루언서 콘텐츠가 업로드된 이후에는 최대한 콘텐츠의 생명력이 오래 지속되도록 유지하는 활동을 해야 한다. 또한 결과 데이터 분석을 통해 이후 캠페인 기획에 도움이 되는 데이터를 모아 두어야 한다. 집행 이후 챙겨야 할 사항들은 무엇인지 알아보자.

1. **72시간 모니터링 필수** | 캠페인이 게시된 후에 마케터는 진행 사항을 지속적으로 모니터링하고 시청자들의 반응을 체크한다. 해당 콘텐츠의 조회수 대부분이 72시간 안에 발생한다고 보면 된다. 간혹 캠페인 결과물의 제작 완성도가 떨어지는 등 다양한 이유로 운영 과정에서 부정적 피드백이 나올 수도 있는데 이럴 경우에는 협의를 거쳐 종료시킬 수도 있다.

2. **콘텐츠 생명력 유지시키기** | 브랜드가 갖고 있는 소셜미디어를 활용해 해당 콘텐츠를 추가로 홍보하는 방법 등으로 계속 바이럴시키는 일이 중요하다. 주기적으로 콘텐츠 제목과 설명, 메타 태그들을 트렌드에 맞게 변경해 캠페인에 지속적인 관심이 끊기지 않도록 한다.

한시적 이벤트를 병행해 참여를 높일 수도 있고 유료 광고를 집행해 새로운 이들에게 노출시켜 유입을 꾀하는 방법도 있다. 가능하다면 이러한 이벤트와 광고를 사전에 준비해 인플루언서 협업 실행과 함께 '동시다발'로 진행하는 것이 성과창출면에서 유리하다.

3. 측정 가능한 모든 지표 수집하기 | 조회수와 도달범위, 노출수, 참여도, 공유 등 캠페인을 운영하면서 측정 가능한 지표들을 최대한 수집하는 것이 마케터의 일이다. 데이터 분석을 통해 다음 캠페인을 진행할 때 더 높은 최적화를 할 수 있도록 하는 중요한 토대가 된다.

인플루언서 위기 관리 : 위기를 기회로 바꾸려면

인플루언서 마케팅의 가장 큰 리스크라고 하면 어떤 불미스러운 사건이나 폭로 등으로 인해 그 인플루언서의 평판이 갑자기 나빠져 그에 따른 리스크가 발생하는 것 등을 들 수 있다.

특히 2020년에는 가짜 뉴스와 뒷광고 논란으로 많은 유튜버들이 사과를 하거나 계정을 닫아버리는 경우가 제법 발생했다. 실제로 불미스러운 일에 관련되지 않았다고 해도 논란에 휩싸이는 것만으로도 위기 상황이 발생하기도 한다.

기업은 인플루언서 마케팅에 관련한 위기관리 매뉴얼을 확실하게 준비하는 자세가 필요하다. 2020년에는 단순히 인플루언서 커머스를 넘어 '어떤 사람이 파는가'라는 점이 상품의 차별화 요소가 될 만큼 인플루언서들의 신뢰도가 중요하게 대두하기 시작했다. 이런 상황에서 뒷광고 논란은 많은 문제를 일으켰다.

큰 문제가 된 뒷광고 논란에 대해 살펴보고 위기관리 체크리스트를 통해 기업의 올바른 대처 방법을 알아보자.

2020년 유튜브의 핫 키워드 '뒷광고'

'애주가TV참PD'가 쏘아올린 작은 불씨가 대형 산불을 일으켰다고 할 만큼 2020년 여름 한국 유튜브 세상을 뒤흔든 뒷광고 논란은 혼돈 그 자체였다. 기업으로서는 당혹스러운 사안이기도 했다. 협찬을 통해 제품을 홍보하는 방법은 전통매체에서부터 일반화된 것이었다. 하지만 심의가 까다로운 공중파와 달리 유튜브에서는 좀 더 자유로운 광고가 가능했다. 문제는 광고 콘텐츠임에도 이를 제대로 공개하지 않은 채 콘텐츠를 게시, 운영했다는 점이다.

첫 시작은 연예인 유튜버 한혜연과 강민경이었다. 유튜버들이 자주 언급하는 일명 '내돈내산'(내 돈 주고 내가 산 제품) 코너에서 리뷰를 했는데 실제 이 제품들이 광고로 들어왔다는 것이 밝혀지면서 논란이 일었다.

이어 유튜버 참PD가 라이브 방송에서 먹방 유튜버들의 뒷광고를 언급하며 실명 저격을 하면서 뒷광고 논란이 본격적으로 시작됐다.

참PD에 의해 지목된 유명 유튜버 중 한 명인 '문복희'는 왕성한 먹방과 함께 구독자의 피드백을 바로 수용하는 등 바른 유튜버의 이미지를 가졌기에 더 강한 반발에 부딪혔다. 이 외에도 나름TV, 상윤쓰, 엠브로, 햄찌, 쯔양, 야식이, 프란 등 이름만 들으면 알 만한 먹방 채널들이 뒷광고 논란에 휩싸였다. 이중 대식가로 사랑받던 유튜버 '쯔양'은 채널에 있던 영상을 모두 삭제하고 은퇴 선언을 하기까지 했다. 뒷광고 논란은 먹방 유튜버에만 국한되지 않고 도티와 양팡 등 여타 카테고리로 번져 나갔다.

뒷광고 논란이 커지자 MCN 업계에서는 사과와 함께 자정 노력에 나섰다. 신뢰와 소통이 중요한 유튜브의 환경 상 자칫 더 크게 신뢰를 잃으면 회복하기 힘들 정도의 문제가 생길 수 있기 때문이다.

위기관리의 최우선은 구독자, 소비자에 대한 배려와 동감

위기가 발생했을 때 최우선적으로 고려해야 할 점은 피해자들에 대한 이해다. 세심하게 이해하고 공감하는 노력이 필요하다. 영상을 통해 구독자들의 눈높이에 맞춰 사과하는 것은 기본이다. 무엇보다 진정성 있는 소통이 중요하다.[2]

예를 들어 평소에 소셜미디어에서 옆집 언니처럼 소통하던 임블리의 경우 위기가 발행하자 곧바로 계정을 비공개 처리하고 댓글 란을 닫았다. 이에 대비되는 모습으로 미국 유튜버 젠은 자신이 런칭한 브랜드에 의혹이 제기되자 소통 가능한 소셜미디어를 활용해 신속하게 사과와 해명을 했다. 위기를 기회로 전환시킨 사례다.

결국 위기관리의 핵심은 언론과 대중이 '저 기업은 최선을 다해 이 문제를 해결하고 있다'고 인식하고 실제로 믿게 만드는 것이다. 이

---

2. 뒷광고 논란이 일자 해당 유튜버들이 까만 바탕에 '죄송합니다'라는 글자와 함께 시작하는 사과 영상을 올렸는데, 무표정한 얼굴로 단순히 사과만 나열하는 유튜버들의 모습이 밈이 되어 한동안 비슷한 영상이 패러디되어 올라오기도 했다. 이는 이들의 사과에 진정성을 느끼지 못한 사용자들의 항의와 조롱으로 볼 수 있다.

를 위해 진정성이 동반되어야 한다. 가령 내부 직원을 설득하지 못한다면 언론과 대중 역시 설득되지 않는다는 걸 잊지 말아야 한다. 모든 사안에 투명성과 일관성이 중요하다.

더불어 철저한 보상과 대응책을 실행해야 한다. 빠른 상황 파악과 사과는 최우선이다. 온라인 상에서 위기와 관련한 루머는 하루이틀 안에 다 퍼진다. 뜸을 들일수록 더욱 악성으로 퍼져 나간다. 사과가 늦어지면 사람들은 기업이 문제를 중요하지 않게 생각한다고 여긴다. 대응이 소극적이거나 기계적이면 책임을 회피하는 기업이라고 생각할 수 있다.

위기관리의 핵심 원칙은 신속성과 개방성, 진실성, 일관성으로 살펴볼 수 있다.

1. **신속성** | 모든 위기는 빠르게 확산된다. 의사결정이 늦어지거나 위기가 마무리될 때까지 기다릴 경우 피해가 더 크게 확산될 수 있다. 위기 발생과 동시에 즉각적으로 대응해야 한다. 보도자료 등 온·오프라인 소통 자료는 가능한 빠르고 정확하게 제공해야 한다.

2. **개방성** | 위기와 관련한 정보들을 공개하지 않으면 피해를 더 크게 확산시킬 소지가 있고 적극적인 대응이 어려워 혼란을 야기할 수 있다. 소비자들이 위기 상황을 이해하고 대응할 수 있도록 조치를 취해야 한다.

3. **진실성** | 정확하고 올바른 정보를 제공하면 불필요한 불신과 오해가 줄어든다. 거짓 정보를 제공하면 2차 피해를 야기하거나 신뢰를 추

락시킬 수 있다. 올바른 해결을 위해 사실 정보를 제공하고 신속하고 적극적으로 해명한다.

4. **일관성** | 일관적이지 못한 위기 대응은 피해당사자들에게 진정성을 느끼지 못하게 하고 위기로 인한 피해를 최소화하기 어렵다. 위기 관리 시스템과 대응을 위해 온·오프라인을 통합하는 가이드라인 구축이 필요하다.

인플루언서 마케팅 성공 사례 : 염따플렉스

이상으로 인플루언서 마케팅의 방법과 위기관리 방법에 대해 자세히 살펴보았다. 현재 많은 기업에서 인플루언서 마케팅과 함께 자사 채널의 영향력을 강화하고 있다. 인플루언서에게 콜라보나 제휴 등을 시도할 때도 댓글을 통해 노출을 하면서 시작하는 경우도 늘고 있다. 더 정확하게는 이슈와 밈이 생길 때 순간을 놓치지 않고 빠르게 대응하는 마케팅 캠페인을 기획, 실행하고 있다.

래퍼 염따의 유튜브 라이브 방송에서 소주 업체 '처음처럼' 공식 계정이 댓글을 달며 시작된 마케팅 캠페인 사례를 살펴보자.

염따가 한국힙합어워즈 2020에서 '올해의 아티스트'로 선정된 기념으로 유튜브 라이브 방송을 하며 '처음처럼' 소주를 마실 때 '처음처럼' 계정이 댓글을 올렸다. "나 진심 형 팬이야. 근데 형 한 병이 뭐야… 주소 딱 대. 조만간 축하 선물 FLEX 할게." 그리고는 실제 염따

염따의 유튜브 영상에 '처음처럼' 계정이 댓글을 남긴 모습. 자료출처 : 염따 유튜브

의 집으로 소주 수십 상자를 보냈다.

염따는 이를 영상으로 소개했고 SNS와 유튜브에 재미있다는 반응이
넘쳤다. '처음처럼'은 이 스토리를 놓치지 않았다. 얼마 후 염따는 '처
음처럼'과 모델 계약을 맺었다. '처음처럼'은 염따의 트레이드 마크인
'FLEX'를 활용해 한정판 에디션을 출시했다. 한정판 소주의 병뚜껑에
는 '염/따/빠/끄'[3] 글자를 숨겨 놓은 후 SNS에서 인증하도록 #염따빠
끄챌린지 캠페인을 진행했다.

이렇듯 유튜브 커뮤니케이션을 이해하고 활용하는 인플루언서 마케팅은 큰 성공을 거둘 수 있으며 그 자체로 강력한 바이럴 수단이 되기도 한다.

3. '빠끄'는 비속어에서 따온 감탄사의 일종

book in book

협업 진행 시 추정 예산까지 알려주는

유튜브 인플루언서 플랫폼 '블링'(vling)

블링(vling)은 '블링, 요즘 뜨는 크리에이터 찾아줘!' 라는 슬로건을 내세운 유튜버 검색엔진이다. 씨로켓리서치랩에서도 컨설팅 프로젝트를 하면서 늘 활용하고 협업 하는 솔루션이다. 마케터들의 현장 고민에 초점을 두고 개발되었다. 그렇다면 실제 유튜버와 협업 진행 시에는 어떻게 활용하는지 알아보자.

1. 시청자 타기팅 : 제대로 된 타깃 설정은 모든 캠페인의 기본

브랜드와 어울리는 유튜버를 찾기 위한 첫 단계, 바로 타깃층 분석이다. 유튜브 채 널의 타깃층을 콕 짚어 알려주는 곳은 많지 않다. 블링에서 눈에 띄는 데이터는 시 청자 언어, 성별, 나이 분포도이다. 현재 가장 큰 이슈를 몰고 있는 '피지컬갤러리'를 블링을 통해 분석해 보면 다음과 같은 지표가 나온다.

<가짜사나이 2기>의 영향으로 시청자 언어는 한국어가 압도 적이다. 시청자 성별은 당연히 남성의 비중이 높으나 여성 시 청자도 제법 있다. 시청자 연령 층을 살펴보면, 군복무를 앞두거나 수행 중인 18세~34세 구독자 층이 가장 많다.

2. 경쟁 채널 분석 : 효율 좋은 유튜버를 한눈에 비교 분석하자

시청자 타깃층 파악을 완료했다면 관련 채널 분석 탭을 확인하자. 성공하는 마케팅

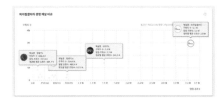

캠페인을 설계하기 위해서는 경쟁 채널 분석은 기본이다. 블링의 경우 최근 3개월 동안 자신이 검색한 유튜버와 동일한 카테고리의 동일 구독자 수를 가진 20개의 채널 비교 지표가 나온다. '피지컬갤러리'는 스포츠 카테고리에서 퍼포먼스 성과가 경쟁 채널에 비해 우수함을 살펴볼 수 있다.

채널 분포량이 많은 스팟을 살펴보면 SPOTV, 말왕TV, 꼼병지tv 등 경쟁 채널을 한눈에 확인할 수 있으며 각 채널의 구독자 수, 일일 조회수, 영상별 평균 조회수 등도 바로 파악할 수 있다. 캠페인 세팅 시 목표한 KPI와 예산에 맞춰 어떤 유튜버를 선택할지 참고가 된다.

3. 트렌드 정보(트렌드 키워드) : SNS 마케팅 담당자라면 주목할 만한 툴

블링의 '트렌드 키워드' 채널 분석 툴은 요즘 또는 키워드에 대한 수요 및 트렌드성이 어느 정도인지를 조회수와 영상 수, 키워드 관련 인기 동영상으로 확인할 수 있는 툴이다. '불닭볶음면'과 '짜파게티'를 검색했을 때 나오는 비교 그래프와 동영상을 보면 확실히 한국 먹방 메뉴로 굳건히 자리잡은 '불닭볶음면'의 인기를 단번에 파악할 수 있다. 이렇듯 해당 키워드의 퍼포먼스를 보기 쉽게 확인할 수 있는 점이 이 툴의 큰 장점이라 볼 수 있다.

라이브 커머스부터
자체 커머스 플랫폼까지!

미디어 커머스의 넥스트는?

2020년 6월 한 달 동안 한국인의 유튜브 총 이용 시간은 8억 6,400만 시간이었다. 이는 1년 전 6월의 6억 8,600만 시간보다 25.9% 늘어난 것이다.

코로나19로 동영상 이용 시간이 급증하자 그동안 배송 경쟁에 집중하던 유통업계는 '미디어 커머스'로 방향을 전환했다. 미디어 커머스란 미디어(콘텐츠)와 커머스(전자상거래)를 접목한 서비스로 유튜브, 넷플릭스, SNS 등에서 주로 동영상 콘텐츠를 활용해 상품을 마케팅하는 방식이다. 콘텐츠 경쟁력이 곧 커머스 경쟁력이 된 것이다.

유통업계가 미디어 커머스 시장 진출에 총력을 기울이면서 라이브 커머스, 온라인 카탈로그, 공중파 방송과의 프로그램 협업 또는 직접 제작 등 새로운 방식의 미디어 커머스가 활발히 시도되고 있다.

이중 2021년 미디어 커머스의 핫 키워드는 단연코 라이브 커머스가 될 것이다. 네이버의 쇼핑 라이브, 유튜브의 쇼핑 익스텐션 등이 대표적인 서비스다.

브랜드들이 라이브 커머스를 하는 이유는 우선 매출과 연결되기 때문이다. 코로나19로 재고가 늘어난 상황에서 새로운 판매 채널로 라이브 커머스는 가장 손쉽게 접근 가능한 루트이기 때문이다.

라이브 커머스의 세 가지 특성인 실시간, 쌍방향, 직관성은 특히 젊은 층의 호응을 얻고 있다. 이에 따라 백화점, 이커머스, 편의점 등 각종 유통 채널은 물론 패션, 식품, 제조사들도 뛰어들 만큼 '라이브 커머스 전성시대'라고 할 만한 상황이다.

이 챕터에서는 각 분야의 미디어 커머스 시장을 살펴보고 기업의 새로운 수익원으로 떠오른 미디어 커머스 시장의 발전 방향을 짚어본다. 특히 대부분의 미디어 커머스 시장이 동영상 스트리밍과 연결되어 진행하는 트렌드를 통해 유튜브의 새로운 변화가 어떻게 이루어질지 알아보자.

어느새 온라인 쇼핑 강자가 된 포털 : 네이버 쇼핑 라이브

네이버 쇼핑의 거래액은 2019년 기준 21조 원으로 국내 이커머스 시

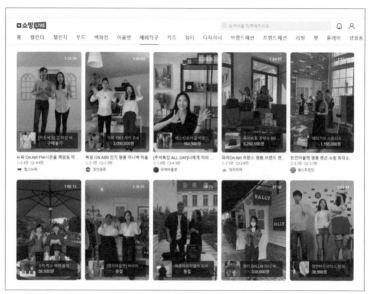

네이버 쇼핑 라이브.

장에서 1위를 차지했다. 2018년 네이버가 스마트 스토어를 내세워 쇼핑 영역을 대대적으로 개편한 지 불과 1년여 만에 이뤄낸 성과다. 네이버는 다시 변화를 감행했다. 스마트 스토어 판매자를 위해 라이브 커머스 툴을 지원하기 시작했고 라이브 커머스 전문 서비스도 만들었다. 바로 네이버 쇼핑 라이브다.

라이브 커머스는 스트리밍 비디오와 이커머스를 결합한 용어로 모바일에서 라이브로 상품을 소개하고 판매하는 방식이다. 실시간 댓글을 통해 소통이 가능하다는 점, 제품의 궁금점을 바로바로 대응할 수 있다는 점이 강점이다.

네이버 쇼핑 라이브에 들어가면 카테고리 별로 다양한 라이브 방송을 청취할 수 있다. 브랜드가 직접 판매하는 방송도 있지만 스마트 스토어와 쇼핑 라이브를 연결해 물건을 판매하는 셀러들도 많다. 해외 직구의 경우, 해외에서 직접 방송을 송출하며 판매하기도 한다.

판매자는 네이버 쇼핑 윈도 공식 블로그에 릴레이 라이브 참여를 통해 신청을 하는데 아직까지는 네이버가 직접 선정해서 라이브 방송을 진행하게 한다. 이때 필수 조건은 1시간 동안 라이브 방송을 진행할 수 있어야 하며 스마트 스토어에서 '파워 등급' 이상의 판매자여야 한다는 점, 그리고 소식 받기 혜택 등록이 필수라는 점 등이 있다.

쇼핑 라이브의 상위 메뉴에는 라이브 이벤트 캘린더, 챌린지, 푸드, 백화점, 아울렛, 해외직구, 키즈, 뷰티, 디자이너, 브랜드 패션, 트렌드 패션, 리빙, 펫, 플레이, 생필품 등의 메뉴가 있다. 메인 페이지에는 현재 라이브되는 방송과 방송 예고편, 주간 시청자수 TOP10, 도전! 라이브 챌린지 및 각 메뉴의 라이브와 인플루언서 라이브가 배치되어 자신이 원하는 제품의 방송을 골라서 시청할 수 있다.

현재까지는 백화점, 아울렛, 패션 등 패션 잡화 비중이 높은 편이다. SBS <맛남의 광장>과 함께 콜라보로 라이브를 진행하며 시청률도 올리고 제품을 홍보하기도 한다.

라이브 방송은 세로 화면을 구현하며 약 1시간가량 진행한다. 화면 왼쪽 하단에는 해당 제품 링크가 수시로 뜬다. 상품명을 클릭하면 브랜드 스마트 스토어에서 구매가 가능하다.

브랜드관의 라이브 방송은 대부분 백화점 매장이나 아울렛 몰 등 현장에서 직접 방송을 진행하는 경우가 많다. 이미 고정 고객이 있다면 메일이나 문자를 통해 안내 작업을 하기도 한다. 패션 브랜드 루이까또즈는 라이브 커머스를 하기 전에 30만 명이 넘는 플러스 친구에게 방송 안내 톡을 보내기도 한다.

라이브 커머스 방송은 한 시간이지만 영상이 그대로 남아 이후에도 계속 판매가 이어진다. 이 방송을 시청하는 타깃은 대부분 2030 세대의 젊은 고객들이다.

TV 홈쇼핑의 변신 : 레거시(Legacy) 커머스의 라이브 진출

국내 TV 홈쇼핑 시장은 1995년에 형성된 후 약 20여 년 동안 지속적인 성장을 거듭해왔다. '2019 방송 영상 산업 백서'에 따르면 유료 방송 프로그램 유형별 시청 여부(최근 일주일 이내)에서 16.3%를 차지할 정도로 영화 다음으로 많이 시청하는 것으로 나타났다.

인터넷과 모바일이 주요 미디어로 자리를 잡아가면서 TV의 영향력은 쇠퇴했다. 그에 따라 TV 홈쇼핑도 하락하는 추세를 보이는 듯했다. 새로운 반격의 기회가 된 것이 T-커머스(T-Commerce)다. TV를 통한 상거래 서비스로 일반 홈쇼핑과 달리 화면을 보면서 리모컨으로 상품을 검색, 주문하고 결제할 수 있다.

2010년에 TV 홈쇼핑 5개사를 포함해 총 10개의 T-커머스 채널이 출범했다. 2015년 2,540억 원 규모였던 T-커머스 시장은 매년 성장을

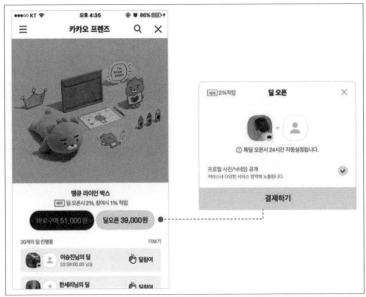

카카오 커머스는 모바일 생방송 판매 서비스인 '톡딜 라이브'로 미디어 커머스를 구축하고 있다.

거듭해 2019년에는 4조 1,900억 원의 시장으로 성장했다.

다만 국내 홈쇼핑 산업은 각종 제반 조건의 규제를 받고 있어 장기적인 성장을 하기에는 뚜렷한 한계가 있는 것이 현실이다.

현재 떠오르는 라이브 커머스는 방송으로 분류되지 않아 방송심의 대상이 아니다. 따라서 자유로운 표현과 연출이 서비스의 강점으로 작용한다. 신생 플랫폼인 라이브 커머스는 아직 명확한 정의와 규제가 없는 상태에서 무제한적으로 성장 중이다.

라이브 커머스가 코로나19 시대에 새로운 유통방식으로 부상하면서 기존의 유통 대기업들도 관심을 갖기 시작했다. 롯데백화점, 현대백화점, AK백화점은 물론 GS25, 티몬에 이어 네이버와 카카오까지

티몬의 쑈트리트 파이터 오프닝영상.

라이브 커머스에 뛰어들었다. 2020년 5월 말 카카오의 풀무원 만두 판매 방송에는 동시 접속자가 9,000명이나 몰리기도 했다.

사업 모델이나 형식이라는 측면에서 TV 홈쇼핑과 라이브 커머스는 유사한 면이 많다. 하지만 주요 소비층은 확연히 다르다. TV 홈쇼핑은 4050세대 소비자의 충성도가 높다면 라이브 커머스는 2030 소비자를 유치하는데 주력한다고 할 수 있다.

현재 TV 홈쇼핑 기업들은 홈쇼핑 시간에 라이브 쇼핑을 접목하여 방송하기도 한다. 더불어 자체 라이브 방송을 기획하여 진행하거나 미디어 커머스 기업으로 변모하기 위해 전문 미디어 커머스 스타트업에 투자하기도 한다.

카카오 커머스는 모바일 생방송 판매 서비스인 '톡딜 라이브'로 미디어 커머스를 구축하고 있다. 톡딜은 2020년 6월에 정식으로 시작된 카카오톡 쇼핑하기 공동구매 서비스이다. 구매를 원하는 소비자

두 명만 모여도 제품 할인을 받을 수 있다. 톡딜은 비대면 환경에서도 다양한 상품을 라이브로 살펴보고 오픈채팅으로 궁금한 점을 바로 질의응답하며 구매까지 간편하게 이용할 수 있도록 했다.

티몬은 업계 최초로 2017년부터 운영해 온 라이브 커머스 플랫폼 '티비온 라이브'를 확장 중이다. 2020년 초에 판매자 용 개인방송 앱인 '티몬 셀렉트'를 선보였고, 7월 말부터는 라이브 커머스 판매를 배틀 형식으로 하는 웹예능 '쑈트리트 파이터'를 시작했다. 이는 국내 플랫폼 최초로 시도되는 실시간 판매 대결로, 고객에게 라이브 예능 콘텐츠와 쇼핑의 재미를 동시에 선사한다.

위메프의 '원더쇼핑'은 2020년 2월 미디어 커머스 콘텐츠 '김재우의 청부할인'을 공개했다. 개그맨 김재우가 브랜드를 방문해 가격을 협상하는 과정을 예능 프로그램으로 제작한 것이다. 새로운 콘텐츠를 통한 거래액은 전년 동기 대비 70%나 늘었다.

쿠팡은 동남아의 OTT업체 '훅'(HOOQ)을 인수했다. 훅의 콘텐츠 산업 역량과 인적 자산을 활용해 미디어 커머스 경쟁력을 갖추는데 집중할 것으로 보인다.

팔리는 콘텐츠, 이유 있는 제품 : 미디어 커머스 기업들

온라인 쇼핑에서 콘텐츠의 역할이 계속 중요해지고 있다. 온라인 셀렉트숍 29CM 출신의 김현수 무신사 미디어부문장은 '신뢰 2.0'이라는 키워드와 함께 큐레이션에서 콘텐츠가 중요한 역할을 한다고 강조한다.

먼저 온라인 쇼핑의 유형과 큐레이션을 크게 두 가지로 나눠볼 수 있다. 결핍이 이끄는 구매를 '목적형 쇼핑'이라 한다면 욕망이 이끄는 구매는 '발견형 쇼핑'으로 볼 수 있다. 결핍이 이끄는 구매는 나에게 없으면 안 될 상품을 사는 행위로 생수, 라면, 쌀, 기저귀, 분유 등 일상용품이 이에 해당한다. 결핍이 명확하기 때문에 무엇이 필요한지도 명확한 셈이다.

반면 콘텐츠를 중심으로 큐레이션이 돌아가는 구조는 '발견형 쇼핑'을 추구하는 미디어 커머스라 할 수 있다. 미디어 커머스는 그 비중이 늘고 있는 추세다. 미디어 커머스의 콘텐츠는 '재미, 발견, 도움'이라는 요소를 갖고 있다. 그중에서도 재미의 요소가 압도적으로 중요한 역할을 한다.

미디어 커머스 전문 기업들은 제조 기반 회사와 달리 콘텐츠를 통해 제품을 판매한다. 브랜드를 먼저 구축하면서 시장을 넓혀가는 방식이다. 다만 콘텐츠가 중요해지는 큰 흐름이 단선적으로만 이어지고 있지는 않다. 콘텐츠 위주로 제품을 홍보할 때 자칫 과장과 선정적인 눈길 끌기의 위험에 빠질 우려도 있다. 이때는 자연스럽게 제품의 품질에 대한 반작용이 제기된다. 이를테면 최근 2년 사이, 미디어 커머스 기업들의 주 활동 무대인 페이스북과 인스타그램에서 과장광고나 선정성에 대한 기준을 강화한 것이 이런 경향을 방증한다. 이로 인해

2020년부터는 미디어 커머스에서도 콘텐츠보다는 상대적으로 '제품력'이 강조되는 분위기가 형성되기도 했다. 즉 어느 정도 제품력을 갖추지 못하면 기업들이 살아남을 수 없는 환경이 조성된 것이다. 따라서 기본적인 제품력을 갖추고 거기에 콘텐츠의 힘이 더해질 때 의미 있는 성과가 창출된다는 공감대가 높아졌다.

블랭크 코퍼레이션(이하 블랭크)의 사례를 보자. 블랭크는 마약 베개와 세탁조 클리너, 블랙몬스터 같은 히트 아이템을 빠르게 만들어내는 것으로 유명하다. 블랭크는 평균적으로 한 달에 두 개의 신제품을 런칭한다. 블랭크는 고객의 결핍을 발견한 뒤 공감을 이끄는 콘텐츠로 고객을 설득하고, 제품을 통해 고객을 팬으로 만드는 선순환의 고리를 만드는 것이 목표라고 말한다. 또한 온라인에서 고객들의 피드백을 제품 기획에 녹여내기 위해 '프로덕트 스코어'라는 개념을 만들어 관리한다. 대중성, 공감지수, 설득력, 콘텐츠 스코어, 글로벌 스탠다드를 점검해 총점을 매긴다. 나아가 블랭크가 최근 그간의 제품 위주 조직구조에서 탈피하고 브랜드와 콘텐츠 조직으로 구성을 바꿔가고 있다는 게 관계자의 설명이다.

블랭크의 남대광 대표가 평소에 자주 쓰는 표현 세 가지가 있다고 한다. '기대값이 큰가요', '구조 나오나요', '봐야할 이유가 뭔가요'다. '기대값이 큰가요'라는 말 뒤에는 그 일을 함으로써 블랭크가 얻을 수 있는 이익, 기대값이 얼마나 되느냐는 의미가 있다. '구조 나오나요'는 비즈니스 모델로서 콘텐츠를 통해 매출이 늘어나지 않으면 좋은 구조를 형성하지 못한다는 것이다. '봐야 할 이유가 뭔가요'라는 말에는 콘텐츠가 끝날 때까지 시선을 계속 끌어모으는 흐름이자 힘이 있어야 한다는 말의 압축이다.

에이프릴스킨, 메디큐브, 글램디 등의 브랜드를 갖고 있는 에이피알은 국내 최초의 미디어 커머스다. 에이피알은 TV에 나오는 유명 연예인 대신 홍영기와 같은 얼짱 인플루언서를 활용해 마케팅을 시작했다. 1020세대의 놀이터인 SNS에서 인플루언서의 큐레이션과 함께 적극적인 마케팅을 시작했으며 3주 만에 1억의 매출을 달성하는 성과를 보이기도 했다.

요즘 플렉스(flex)는 인플루언서로 통한다 : 크리에이터 커머스

"플렉스 해버렸지 뭐야"라는 신조어의 주인공 래퍼 '염따'가 교통사고로 차량 수리비를 벌기 위해 네이버 스토어팜에서 '염따 티셔츠' 등을 판매, 큰 수익을 올린 것은 이미 잘 알려진 스토리다.

이후 많은 인플루언서들이 비슷한 방식으로 커머스에 도전 중이다. 그들의 방식은 상품 판매는 포털의 스마트 스토어를 활용하고 홍보는 인스타그램과 유튜브를 통해 진행하는 형태다. 인플루언서의 팬들은 평소 유튜브 등 소셜 공간에서 편하게 소통하며 신뢰 기반을 쌓다 보니 일종의 놀이 문화처럼 굿즈 판매가 활성화되어 성과를 내기 쉬운 구조다.

염따 쇼핑몰.

크라우드펀딩 플랫폼 '텀블벅'(tumblbug)은 유튜브에서 약 3백만 명의 구독자를 보유한 크림히어로즈의 고양이 인형이나 우산, 쿠션 등 캐릭터 제품으로 총 10번이 넘는 펀딩 프로젝트를 열어 약 6만 2,000명의 후원자를 확보했다.

게임 유튜버로 유명한 대도서관도 자신의 캐릭터 굿즈를 목표 금액의 1,138% 초과 달성하며 판매했다. 인플루언서들이 주도하는 이벤트나 공동구매, 크라우드펀딩 등이 점점 확대되는 추세다.

샌드박스네트워크는 유튜브 크리에이터를 위한 맞춤형 커머스 플랫폼 '머치머치'(much-merch.com)를 운영 중이다. '머치머치'는 유튜브 상품 기능을 활용하려는 크리에이터를 위해 고안된 커머스 플랫폼이다. 유튜브 상품 기능은 크리에이터의 지식재산권(IP)을 기반으

텀블벅펀딩에 성공한 대도서관과 크림히어로즈.

로 제작한 상품을 콘텐츠 하단에 배너 형태로 거치할 수 있는 커머스 연계 기능이다. 상품 기획 의뢰와 전문가 컨설팅, 상품 디자인과 제작, 판매처 세팅 등 필요한 과정을 원스톱으로 제공받을 수 있다. 샌드박스는 자사 소속 여부와 관계없이 1,000명 이상의 크리에이터와 함께 굿즈 생산을 목표로 잡고 있다. 2020년 10월 현재 겜브링, 도티, 크온구, 꾸비, 몽순임당의 굿즈가 업로드되어 있다.

다이아마켓(www.dia-market.co.kr)은 커머스 사업을 원하는 디지털 인플루언서들을 위해 상품 기획과 컨설팅 등 크리에이터 커머스 사업에 필요한 서비스를 제공한다. '맛상무' 유튜브 채널에는 다이아마켓에서 공개한 제품 생산 과정과 시식 리뷰를 담은 영상이 업로드돼 큰 호응을 얻은 바 있다.

이상으로 국내 미디어 커머스 시장의 다양한 모습들을 대략적으로 살펴보았다. 포털의 라이브 쇼핑, 새로운 돌파구를 찾으려는 홈쇼핑 업계의 라이브 방송, 자신의 채널 영향력을 바탕으로 직접 제품을

샌드박스의 커머스 플랫폼 머치머치.

런칭하고 펀딩 받는 인플루언서, 아예 제품 기획을 함께 해주는 플랫
폼까지 미디어 커머스의 확장은 광폭적으로 이루어진다.

여러 분야에서 확장하는 미디어 커머스의 공통점은 신뢰와 스토
리텔링을 들 수 있다. 라이브 방송이 인기를 끄는 이유는 소비자에게
직접 자사의 제품을 이야기하고 설득하기 때문이다. 신뢰와 스토리텔
링에 바탕하지 않고는 성공하기 힘들다.

2021년에는 유튜브에서도 미디어 커머스가 더욱 확장될 것으로
보인다. 광고를 할 때도 볼만한 콘텐츠여야 한다는 점이 중요하다. 사
람들이 좋아할 만한 이야기를 물건에 담아야 한다는 뜻이다.

미디어 커머스를 선도했던 블랭크는 페이스북과 다른 방식으로
유튜브에 접근했다. '고등학생 간지 대회'라는 시즌제 프로그램을 만
들어 미디어 커머스를 접목시켰다. 직접 상품을 전면에 내세우고 구
매 좌표를 찍었던 페이스북과는 달랐다. 이런 방식은 방송국이 예능
프로그램을 통해 광고를 팔던 방식과 유사한 측면도 보인다.

다이아마켓(www.dia-market.co.kr)은 커머스 사업을 원하는 디지털 인플루언서들을 위해 상품 기획과 컨설팅 등 크리에이터 커머스 사업에 필요한 서비스를 제공한다.

이제는 물건에도 서사가 필수 요소로 자리 잡았다. 유튜브는 각각의 서사를 통합해 거대한 유니버스를 만들며 커머스 시장 또한 자신의 유니버스 안에 품어갈 것으로 예상된다.

정수기 구독이 어디까지 확장될까?

구독경제 전성시대

구독경제 시장은 매년 급격한 성장세를 보이고 있다. '크레디트 스위스'는 2016년 4,200억 달러(약 516조 원)였던 구독경제 시장이 2020년 5,300억 달러(약 651조 원)에 이를 것으로 전망했다. 구독경제라는 말을 처음 사용한 미국의 결제 시스템 소프트웨어 회사 '주오라(Zuora)'는 경험 중심의 구독경제에 초점을 맞춰 "제품을 소유하는 것은 이제 과거의 방식"이라고 단언했다.

보통 구독은 신문, 잡지 등을 정기 구독 하는 것을 의미했다. 구독의 사전적 의미는 제품과 서비스 등을 일정 기간 이용하는 대가로 돈을 지불하는 구매 방식이다. 매달 정해진 요금을 내면 언제든 주차할

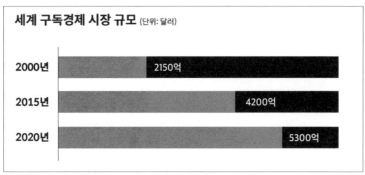

세계 구독경제 시장 규모 (단위: 달러)

2000년	2150억
2015년	4200억
2020년	5300억

자료출처 : Credit Suisse

수 있는 월정액 주차장이나 휴대전화의 월정액 무제한 통화 등 이미 정기 구독 모델은 존재해 왔다.

이커머스에서도 소모품과 생활용품을 그때그때 구입하지 않고 정기적으로 반복 구매하는 방식이 일상의 문화로 스며들고 있다. 회비를 내면 판매자가 매달 제철 식재료 등을 보내 주는 꾸러미 서비스가 그런 서비스의 일종이다.

정기 구독 서비스의 시장 규모가 커지면서 판도가 바뀐 업계도 있다. '스포티파이'나 '넷플릭스'처럼 무제한으로 음악과 동영상을 제공하는 업계가 대표적이다.

2014년 이후 음악시장의 성장을 실질적으로 이끌어온 건 스트리밍 시장의 확대와 공연 시장의 꾸준한 성장세였다. 스트리밍 시장의 경우 무제한 정액제 스트리밍 서비스라든가 창작자와 사업자 사이의 적절한 수익 분배 구조 등 아직 해결해야 할 문제가 남아있다. 하지만 적어도 스트리밍 시장에 있어서 만은 '대가를 지불하고 음악을 듣는다'는 전제가 어느 정도 자리를 잡은 것 같다.

영상 또한 동영상을 구매 후 저장해서 즐기던 형태에서 스트리밍 서비스 업체에 돈을 지불하고 언제, 어디서나 원하는 콘텐츠를 즐기는 형태로 소비 트렌드가 이행하고 있음을 보여준다. 더불어 실제로 기업에서도 정기 구독 비즈니스 모델이 주목받고 있는 중이다.

정수기와 비데 등 주로 소매 및 서비스 업체에서 이루어진 정기 구독형 비즈니스는 이제 제조회사가 직접 자사 제품을 정기 구독 형태로 판매하는 방향으로 확장되는 중이다. 자동차 구독 서비스를 도입한 '현대 셀렉션'이 대표적인 사례다.

구독 모델의 인기에는 '공유'의 가치관이 성립된 이유도 있다. 이전에는 무엇이든 구입해서 소유를 해야 사용할 수 있었다. 하지만 차량 공유 서비스나 에어비앤비 같은 공간 공유 서비스는 자연스럽게 '소유' 대신 '이용' 가치를 부각시켰다. 코로나19로 인해 직접적인 공유 서비스들이 주춤한 사이 적은 가격으로 가치를 이용할 수 있는 구독 서비스가 확장되는 추세다.

특히 새롭게 각광받고 있는 구독 서비스는 고객 개개인의 취미와 기호에 맞춰 상품을 제공하거나 혹은 개인이 직접 선택하는 개인별 맞춤 서비스가 대세다. 예를 들어 '필리'(Pilly)라는 서비스는 내 몸에 어떤 영양제가 필요한지 설문을 작성하면 가장 필요한 영양제를 추천해 주고 정기 구독처럼 필요한 영양제를 받아서 먹을 수 있다.

영양제 구독 서비스 '필리' 홈페이지.

고객 VS 기업 입장에서 본 구독 모델의 장단점

고객 입장에서 구독 모델의 가장 큰 장점은 소모적인 탐색비용을 절약할 수 있다는 점이다. 현대 사회는 정보의 과잉, 시장의 과잉, 제품의 과잉 시대다. 자신의 취향에 맞는 제품을 고르기 위해서는 몇 시간이고 시간을 투자해야 한다. 그렇게 고른 제품이 실제 원하는 제품인지 보장 받기도 힘들다. 이러한 시간 소비는 그 자체로 비용이다. 이 비용을 줄여주는 것이 구독 서비스의 강점이다. 자신이 원하는 수준의 제품이나 정보를 지속적이고 편리하게 제공받을 수 있는 것이 구독 서비스의 인기 요인이다. 고객은 구독하는 기업에 선택을 맡기면 된다.

좋은 제품을 계속 제공받기 위해서 디지털 음악이나 영화 정기 구독 서비스는 정액제로 무제한 이용하는 서비스가 대부분이다. 많은 서비스와 콘텐츠를 체험할 수 있는 정액제의 무제한 서비스는 요금에 따라 고객 입장에서 이익인 셈이다. 반면 '지속적으로 구독을 해야 한다'는 점은 고객에게 심리적 장벽과 부담이기도 하다. 구독 사업을 진행할 때 중요한 점 중 하나가 '심리적 장벽'의 해소이다. 많은 정기 구독 서비스가 '무료 체험'을 제공해 일정 기간 마음 편히 서비스를 이용하게 하는 이유가 여기에 있다.

정기 구독 사업을 성공한 기업의 사례를 보면 탈퇴했다가 재가입하는 회원이 상당수 존재한다. 한 번 탈퇴한 후에야 그 서비스의 가치를 실감하고 돌아오기 때문이다. 이런 고객들은 심리적 장벽을 없애고 충성 고객이 된다.

구독 모델이 기업에게 주는 장점은 지속적인 수입이 보장된다는 점이다. 일단 신규 고객을 확보하면 지속적인 수입을 약속 받은 것이기 때문에 마케팅 방향을 또렷하게 정렬할 수 있다. 즉 고객이 해약하지 않도록 유지하는데 중점을 두게 된다. 사람들은 통상 한번 마음에 들면 계속 사용하고자 하는 습성을 가진다고 한다. 고객의 신뢰를 얻고 깊은 관계를 맺어서 지속적인 구독으로 이어지게 만들어야 한다.

지속적인 구독을 유지하기 위해 최우선 되어야 할 것은 고객이 지불할 의사가 있는 적절한 정기 구독 요금을 설정하는 것이다. 서비스 초반에는 과거 데이터나 경험이 없기 때문에 어떤 요금으로 얼마나 고객을 확보할 수 있을지, 고객이 얼마나 이용할지를 가늠하기 어렵다. 계속 진행할 사업인 만큼 요금을 자주 변경하면 신뢰도가 떨어질

수 있다는 걸 주의해야 한다.

더불어 고객의 구독을 오래 유지시키기 위한 가장 중요한 사항은 '신뢰감'을 쌓는 것이다. 고객에게 '결정할 필요가 없다, 굳이 시간 들여 찾지 않아도 된다'는 인식을 갖게 하려면 정보를 충실히 제공하거나 서비스 체험 기회를 줘서 고품질의 제품을 계속 제공받는다는 신뢰감을 형성하는 게 중요하다.

신뢰감은 사업 성패를 좌우하는 중요한 열쇠다. 고객에게는 '맡기고 싶다'와 '마음에 드는 다른 재화를 직접 고르고 싶다'는 상반된 마음이 동시에 존재한다. 따라서 적절한 주기로 상품 수를 확대하고 유료 서비스를 추가 제공하는 등 다양한 대응책을 강구해야 한다. 즉 선택의 폭을 넓히는 방법론도 고민할 필요가 있다.

구독 서비스, 정기 구독 요금 설정의 기준은?

사업자 입장에서 구독 요금을 결정할 때의 고려사항을 살펴보자. 가장 중요한 것은 고객의 눈높이다. 사업자 스스로도 이용자이기도 하니 역지사지의 관점 전환을 유연하게 해볼 필요가 있다. 지금 어떤 물건이나 서비스를 구독 중인가? 그렇다면 그 구독 서비스에 비용을 지불하도록 당신의 마음을 움직이는 요인이 무엇인지를 분석해 보자.

대략 두 가지 기준점 내지 고려 요소가 있었을 것이다.

먼저 정량적 측면의 가성비다. 많은 고객이 이 서비스가 제일 싸다고 느낄 만한 가격을 설정해야 사업의 성장 가능성도 커진다. 한편 공급하는 쪽에서는 서비스를 계속 제공하기 위해 정기적으로 수익을 내야 한다. 경쟁사 요금을 검토하고 현재 우리가 책정한 요금으로 어느 정도의 수요와 성장이 기대되는지 정확하게 예측할 수 있어야 한다.

숫자로 측량할 수 없는 정성적 측면의 고려 사항 또한 무척 중요하다. 정기 구독 사업은 지속적으로 뛰어난 가치와 체험을 제공하는 것이 중요하다. 정기 구독 서비스의 가입과 이용, 갱신 등의 과정에서 편의와 정성 등 여러 요소에 걸쳐 훌륭한 체험을 제공할 수 있어야 한다. 이러한 경험상의 가치를 높게 인식시킨다면 고객이 '가성비'의 측면에서 '비싸다'는 기준을 높이게 되고 결과적으로 수익성을 향상시킬 수 있을 것이다. 구독 서비스는 단발적인 구매 행위가 아닌 지속성을 바탕에 깔고 긴 호흡의 '관계 맺기'를 하는 것이다. 그만큼 요금 설정에 있어서도 긴 호흡에서 신뢰를 쌓아가는 관점에서 정하는 것이 중요할 것이다.

고객을 구독 피로감에서 벗어나게 하려면

구독 서비스를 할 때는 경쟁업체의 진입장벽이 낮을수록 위험 요소가 커진다. 이를테면 2017년 미국 주식시장에 상장된 밀키트 정기 구독 서비스 업체인 블루에이프런은 이미 창업 사장이 퇴임하고 주가도 하락했다. 밀키트 시장은 진입장벽이 낮을 뿐 아니라 고객 입장에서 타사 서비스로의 전환 비용이 낮기 때문에 고객 유지율을 높이기가 어렵다. 블루에이프런의 경우도 경쟁업체가 대거 진입하면서 경쟁이 치열해져 어려움이 가중된 것이다.

소비자가 구독 서비스에 사용하는 비용에도 한계가 있다. 구독 서비스가 늘어날수록 고정으로 지불하는 금액은 점점 늘어날 수밖에 없는데 대부분의 소비자는 일정 한도의 금액만을 구독 서비스에 사용할 것이기 때문이다.

아이튠즈 또는 멜론, 넷플릭스를 구독하고 있는 사람이라면 그 다음 구독에 신중해질 수밖에 없을 것이다. 책 구독 서비스인 밀리의 서재를 이용할 것인지, 아니면 리포트 구독 서비스인 퍼블리를 이용할 것인지, 정보 브리핑 서비스인 씨로켓 멤버십에 가입할 것인지 결정해야 한다. 즉 같은 분야의 구독서비스와 경쟁하는 것이 아니라 전체 구독 서비스 업체들과의 경쟁에서 비교우위를 선점해야 자사의 구독 사업을 키워낼 수 있다.

모든 구독 사업은 기업과 고객이 구독이라는 연결 고리를 통해 서비스 제공과 지속적 이용을 약속함으로써 성립된다는 공통점이 있다. '지속'은 정기 구독 서비스의 본질이다. 정기 구독 비즈니스를 구축할 때 반드시 장기적인 관점으로 바라볼 필요가 있다. 지속적인 이용을 약속하는 고객을 많이 확보해 유지하는 데 힘써야 할 이유다.

이때 중요하게 봐야할 것은 소비자의 '구독 피로(fatigue)'다. 미국에서는 구독 피로의 징후가 코로나19가 시작되기 전부터 나타났다.

미국 소비자들은 평균 3개 이상의 서비스를 구독한다. 대형 회계법인 딜로이트의 CEO 케빈 웨스콧은 "미국에서만 벌써 300가지 이상의 구독 비디오 서비스가 출시됐다"고 지적한 바 있다. 이런 규모는 서비스 선택 단계부터 소비자들에게 무엇을 고를지 몰라 스트레스를 준다. 스트리밍 서비스 가입자 중 47%는 서비스들이 증가하는 것에 불만을 느낀다고 답했다. 더 많은 옵션이 더 많은 고객 만족을 의미하지는 않는다는 증거이기도 하다. 구독 피로감은 구독 브랜드가 운영되는 산업에 따라 다르게 작동한다.

우리나라는 어떨까. 닐슨코리안클릭에 따르면 20~40대 연령에서 구독 서비스 이용률이 70%를 넘었다. 구독 서비스를 제공하는 기업들은 구독 피로의 이유를 급격한 문화 변화 때문이라 하지만 더 우선적으로 고려할 점은 제대로 된 구독 서비스를 제공하는 것이다.

콘텐츠 유형별 국내 구독 서비스 24

구분	서비스명	특징	사이트
음악 서비스	플로	매일 내 취향 맞춤형 음악 무제한 스트리밍	www.music-flo.com
	바이브	개인화 된 음악 청취 서비스 제공	vibe.naver.com
	지니	소셜 기능이 특화된 음악 스트리밍 서비스	www.genie.co.kr

	멜론	국내 이용자가 가장 많은 서비스	www.melon.com
	벅스	4천만 곡 음악 스트리밍 서비스	music.bugs.co.kr
영상(OTT) 서비스	왓챠	영화보기에 좋은 온라인 동영상 서비스(OTT)	watcha.com
	웨이브	지상파 3사가 합작해서 만든 온라인 동영상 서비스	www.wavve.com
	티빙	tvN, JTBC 등 300여 개 무료 채널, 온라인 동영상 스트리밍 서비스(OTT)	www.tving.com
	라프텔	애니메이션 스트리밍 플랫폼	www.laftel.net
텍스트 기반 뉴스와 정보	북저널리즘	다양한 콘텐츠를 무제한으로 읽을 수 있는 뉴스 구독 상품	www.bookjournalism.com
	폴인	콘텐츠 무제한, 지식 콘텐츠 플랫폼	www.folin.co
	퍼블리	주제별로 집필된 전문가들의 글과 리포트 발행	publy.co
	아웃스탠딩	스타트업 및 IT/Tech 관련 기사 읽는 미디어	outstanding.kr
독서형 콘텐츠	리디셀렉트	전자책 무제한, 다양한 기사를 한 번에 보기 가능	select.ridibooks.com
	밀리의 서재	약 5만 권의 전자책, 종이책 정기 구독 가능	www.millie.co.kr
	Yes24북클럽	기존 회원 접근성 강화와 주제별 큐레이션 컴퓨터 분야 중심의 콘텐츠 집중	bookclub.yes24.com
	Sam무제한	연간 정액제 서비스	sam.kyobobook.co.kr